QUE SAIS-JE ?

La médiation

MICHÈLE GUILLAUME-HOFNUNG
Professeur des Facultés de droit

Troisième édition mise à jour

10e mille

DU MÊME AUTEUR

Le référendum, Paris, PUF, « Que sais-je ? », 1987.
Hôpital et médiation, Paris, L'Harmattan, 2001.
Les droits des malades, Paris, La Documentation française, 2003.

À Virgile
À France

ISBN 2 13 054871 7

Dépôt légal — 1re édition : 1995
3e édition mise à jour : 2005, octobre

6, avenue Reille, 75014 Paris

INTRODUCTION

L'ancienneté de la médiation explique sa présence constante dans l'histoire de la pensée humaine. Elle constitue un concept majeur, qui figure dans tous les dictionnaires de philosophie. Elle prend aujourd'hui une importance sociale qui la renouvelle complètement et rend urgent un effort théorique sérieux. Avec le recul, vingt-cinq ans après le début de la « décennie de la médiation »[1], la perception de l'originalité profonde de la médiation impose pour se consolider d'utiles mises au point.

On l'a parfois apparentée à des modes de régulation existant de longue date dans les sociétés traditionnelles, qui pourtant en diffèrent par des aspects essentiels. Exercés le plus souvent par des notables, ils reposent sur des systèmes internes de pouvoir. La mission de pacification entre les paroissiens confiée aux clercs par les évêques de l'ancienne France ou les palabres d'Afrique[2] illustrent bien la régulation par autorité sociale interne. Or la médiation contemporaine repose sur le tiers extérieur, sinon on doit parler de conciliation. Les modes traditionnels étaient distillés naturellement par le groupe, à la différence de la médiation contemporaine qui se signale par son caractère délibéré.

L'actualité du sujet se manifeste par l'utilisation à tout propos du terme « médiation ». Ce foisonnement, s'il reflète le besoin vital de médiation, rend urgent de préciser sa définition, son champ théorique et pratique, ainsi que la problématique de son insertion institutionnelle dans une société qu'elle reflète et qu'elle peut modifier.

La méthode inductive s'impose. La première partie proposera sous forme d'enquête phénoménologique un inventaire non sélectif des expériences se réclamant,

1. Jean-François Six, *Le temps des médiateurs,* Le Seuil, 1990.
2. Jean-Godefroy Bidima, *La palabre,* Michalon, 1997.

même abusivement, de la médiation ou assimilées à elle. Leur insertion dans ce tableau ne cautionne en rien l'utilisation du terme « médiation » à leur propos, en attendant un éclaircissement qui viendra en seconde partie. Il faut une définition suffisamment rigoureuse pour rompre avec le syncrétisme qui menace la médiation, mais suffisamment large pour ne pas la tronquer ou la scléroser. La présentation de pistes relatives à son régime juridique, son institutionnalisation en rapport avec la société civile mais aussi avec d'autres modes de régulation (dont la justice et l'administration) consolidera sa cohérence. Au primat de l'urgence pratique qui a prévalu jusque dans les années 1999-2000, qui consistait à opposer aux vigilances terminologiques un supposé réalisme (« peu importe le mot utilisé, conciliation, médiation, ce qui compte c'est de faire »), a enfin succédé une phase de primat de l'urgence théorique. Elle a abouti à l'élaboration d'un seuil minimum d'intelligibilité conceptuelle, qui devrait permettre sa survie. Malgré cet acquis encourageant, l'exigence théorique demeure vitale pour deux séries de raisons au moins :

- la persistance de stratégies d'instrumentalisation de la médiation, assimilable à la captation d'image positive, qui anime sa contrefaçon. Les pouvoirs publics et les entreprises mettent à peu de frais, leurs conciliateurs en atours de médiateurs ;
- l'absence de capitalisation des efforts conceptuels antérieurs qu'alimentent de bonne foi ceux qui vingt-cinq ans après ses débuts, découvrent la médiation avec enthousiasme, mais aussi avec un total manque de rigueur, de vigilance et de modestie, et qui utilisent le terme sans vérifier sa justification. Le temps que ces ardents propagateurs de ce qu'ils pensent être de la médiation prennent conscience de leur erreur, ils ont nourri la propagation de sa contrefaçon. Deux syndromes frappent nos contemporains quand ils abordent la médiation. Dans le « syndrome de M. Jourdain », ils pensent faire de la médiation, comme lui faisait de la

prose : sans le savoir. Dans « le syndrome du médiateur naturel », ils pensent tirer de leur statut personnel ou professionnel une posture innée de médiateur. Les utilisateurs intempestifs du terme ne perçoivent pas l'urgence de l'effort théorique. Ils manifestent souvent le scepticisme immodeste des praticiens pour qui l'action prime la réflexion. La réflexion n'engendrerait que retard et impuissance dans un domaine où il faudrait parer au plus pressé et innover à tout prix. On ne pourra éviter d'évoquer les dangers que la négligence terminologique fait courir à la médiation, mais aussi aux personnes qui y recourent et à la justice elle-même.

PREMIÈRE PARTIE

LA PHÉNOMÉNOLOGIE DE LA MÉDIATION

La présentation phénoménologique de la médiation ne peut plus se borner à un tableau enregistrant passivement ce qu'il plaît d'appeler telle. L'indication des déformations dues à une traduction erronée, par manque de réflexion ou par réflexion autoréférencielle, mais surtout à des contrefaçons pour capter son image positive et qui ont abouti à requalifier médiation ce qui ne l'était pas, s'impose.

En effet, en France et en Europe, des définitions fiables et reconnues de la médiation permettent de l'identifier et d'en assurer le respect dans ses divers champs. Leurs conditions pluralistes d'élaboration donnent encore plus de valeur à l'unanimité de leur adoption. Bien que formulées dans le cadre d'un mandat précis, elles ont été pensées dans l'unité fondamentale du concept de médiation pour être transposables à tout secteur par simple changement de l'adjectif qualifiant la médiation (sociale dans la définition du séminaire de l'Union européenne de septembre 2000, familiale dans la définition du Conseil national consultatif de la médiation familiale 2001-2004).

De plus, le caractère difficilement réversible des mauvaises qualifications installées depuis la première édition en 1995 impose de les signaler plus nettement encore que précédemment.

L'ampleur du tableau présenté sous la rubrique phénoménologie de la médiation ne doit pas tromper sur l'intérêt sincère qu'elle suscite. Le recours au mot, sans respect de sa substance, nourrit un développement en trompe l'œil. Le terme se répand, mais pas toujours la médiation. L'engouement vibrionnaire pour le mot et la captation de son image plus que son développement réel nourrissent la plupart des rubriques qui vont suivre. Le paradoxe qui domine toute la première partie s'exprime simplement : la plupart des pratiques recensées ici n'ont de médiation que le nom choisi par les promoteurs de systèmes de gestion des plaintes ou des réclamations par voie de conciliation plus ou moins déléguée, qui tiennent à faire passer leurs dispositifs, tant publics que privés, pour ce qu'ils ne sont pas.

La présentation adoptée, secteur par secteur, ne doit pas masquer l'unité fondamentale du concept de médiation, seule capable de leur donner un sens. L'exagération de la spécificité de chaque domaine conduirait à une atomisation, à une mosaïque sans ciment conceptuel. À terme, chaque morceau tomberait.

Le champ de la médiation n'a pas de limite. Il englobe tous les secteurs de l'activité humaine, de la sphère la plus privée à la plus publique. La médiation concerne les personnes publiques aussi bien que les particuliers, les individus aussi bien que les groupes, les activités nationales, transnationales et internationales.

La médiation se développe aussi bien à l'étranger (chap. I) qu'en France (chap. II). Il ne s'agit pas d'un phénomène isolé, mais associé au développement des modes non juridictionnels de règlement des conflits, dans les années 1980. Ces phénomènes se servent mutuellement de contexte et ne se comprennent pas l'un sans l'autre même si leur télescopage crée un flou terminologique si préjudiciable à la médiation qu'il nécessitera une clarification (chap. III).

Chapitre I

LE DÉVELOPPEMENT DE LA MÉDIATION À L'ÉTRANGER

Depuis les travaux préparatoires au séminaire européen de Créteil, on ne peut plus affirmer que la médiation contemporaine vient des États-Unis, même si ce modèle a influencé certains courants européens qui l'ont copié sans grand recul. Il existe aussi un berceau européen, fait d'initiatives non concertées et originales, issues des différentes sociétés civiles, révélatrices des caractéristiques et des préoccupations nationales. La médiation contemporaine constitue un avatar vernaculaire, et situé dans le temps, d'une idée commune à de nombreuses cultures. Le terme de « développement » permet de décrire la genèse et l'extension géographique de la médiation.

I. – Le développement de la médiation en Amérique du Nord

1. **La médiation aux États-Unis.** – En dépit de la variété des expériences de médiation, des caractéristiques communes existent : prédominance du volontariat, origine privée et non étatique du mouvement (les collectivités publiques souvent n'ont fait que suivre). La présentation parallèle de programmes étatiques et de programmes non étatiques de médiation rendra compte de la netteté du clivage entre les pratiques indépendantes des autorités et les pratiques dans leur orbite : ces programmes ne promeuvent pas le même type de médiation (A). La médiation se développe particulièrement dans le secteur de la consommation (B) et dans celui de la justice alternative (C). Bien que les *ombudsmen* aient atteint un degré

de développement significatif aux États-Unis, ils ne seront pas étudiés car trop éloignés de ce qu'on rattache à la médiation même dans un inventaire aussi peu sélectif que celui-ci, et même si en France des institutions publiques ou privées les transposent sous la dénomination de médiateur.

A) *Un exemple de clivage dans les pratiques de médiation.* – Les programmes étatiques de médiation se rencontrent surtout en matière pénale. La pratique distingue entre la médiation intervenant après la condamnation du délinquant dans le cadre de la probation et la médiation préalable aux poursuites, distinction que les transpositions européennes ont négligée.

Les programmes de médiations non étatiques préservent jalousement leur indépendance financière et fonctionnelle vis-à-vis des autorités officielles, surtout la justice. En cherchant à raviver la conscience civique des individus, la convivialité, et à restituer à la communauté le sens de la responsabilité, ils se fixent un objectif plus large et plus ambitieux que l'amélioration de la justice et sa rentabilité. Les *Community boards* sont conformes à la tradition américaine qui préfère créer une association pour agir plutôt que de réclamer l'action étatique.

L'avocat Ray Shonoltz lança le mouvement en 1976 dans un quartier de San Francisco. Ses intentions de départ animent toujours le système : dépasser le duel judiciaire pour rechercher la paix sociale, réduire les tensions sociales et raciales ainsi que l'insécurité. Le développement des solidarités civiques en dehors de tout conflit, la prévention des conflits de voisinage fut ainsi la première activité du centre.

B) *La médiation dans les relations de consommation.* – Il existe dans ce domaine une forte action étatique, d'abord basée sur l'arbitrage puis récemment sur la médiation. Le passage d'une stratégie à l'autre se manifeste dans la terminologie : du Better Business Bureau (pratiquant l'arbitrage), on passe au Worcester County Consumer Mediation Project (WCCMP).

Dès 1984, le ministère de la Justice a suscité le WCCMP « avec pour objectif de résoudre par la médiation les conflits opposant les professionnels et les consommateurs, les propriétaires et les locataires ». La médiation qui jouait au départ un rôle de roue de secours en cas d'échec des modes traditionnels, comme la conciliation, les a parfois supplantés au point que le WCCMP a fini par prendre en charge les litiges avant tout recours aux modes traditionnels.

C) *La médiation dans la vague de la justice alternative.* – Aux États-Unis l'engouement pour la médiation doit beaucoup à la volonté de régler les litiges en évitant les recours juridictionnels. Il s'explique par la nécessité d'enrayer la forte propension procédurière des Américains. Le terme *mediation* est d'ailleurs beaucoup moins souvent employé que celui *d'alternative dispute resolution* (ADR). La traduction erronée plus commode a inversé la proportion.

L'objectif de règlement non juridictionnel a progressivement dépassé le cadre des litiges entre particuliers. Les projets prêtent une attention accrue aux litiges entre particuliers et service de l'État. Le Wisconsin s'enorgueillit ainsi d'avoir résolu par la médiation le contentieux avec les tribus indiennes.

2. **La médiation familiale en Amérique du Nord.** – La paternité du terme revient probablement à D. J. Coogler, avocat d'Atlanta qui ouvre en 1974 un bureau de pratique privée de médiation familiale, comme il le relate dans *Structured Mediation in Divorce Settlement* (1978). Face à l'inflation de divorces, son initiative tend à stimuler l'autonomie et le sens des responsabilités parentales des candidats à la séparation. Puisque, même séparés, ils resteront parents, il vaut mieux qu'ils tentent avec l'aide d'un médiateur de trouver une solution amiable qui évitera le traumatisme de l'intervention judiciaire. Le mouvement s'étend si vite qu'en 1982 on recense des médiateurs familiaux dans 44 États membres. La législation

encadre bientôt ces initiatives spontanées, comme la loi californienne de 1980 pour faciliter l'accès à la médiation familiale. Le « modèle » canadien, qui reste pour certains courants européens la référence absolue, ne manque ni d'ambiguïté ni de faiblesse. Alors qu'en Europe on le croit en avance et que certains courants le prennent comme référence, il s'enferme dans une conception étroite qui limite la médiation à la gestion de la rupture conjugale au mieux des intérêts de l'enfant afin d'éviter le « système adversaire » (la justice). Son ambiguïté résulte d'une approximation terminologique perceptible dans les services proches du système judiciaire qui brouille la frontière entre conciliation et médiation. Le septième symposium québécois de recherche sur la famille (2003) a permis d'exprimer des doutes sur une conception trop influencée par les pratiques en cours aux États-Unis, particulièrement en Californie. Les travaux menés en France par le Conseil national consultatif de la médiation familiale ont suscité un réel intérêt.

Le rattachement de la médiation à la conciliation, dont elle devient un simple moyen, est la deuxième et principale faiblesse du système canadien, particulièrement perceptible dans la loi québécoise (le Québec est la seule province canadienne dotée de dispositions législatives incitant à la médiation dans la procédure de divorce). La loi 65 (1997) modifie le Code de procédure civile concernant la médiation familiale. Elle illustre bien les principales caractéristiques que la médiation en service public présente au Canada. Le tribunal peut à tout moment, avant le jugement et avec le consentement des parties, pour une période qu'il détermine, ajourner l'instruction « en vue de favoriser soit la réconciliation, soit la conciliation des parties notamment par la médiation ». La médiation ne figure ici que comme un moyen au service de la conciliation. Le médiateur est un véritable mandataire de justice, au même titre que le réconciliateur et le conciliateur (termes utilisés par la loi d'une manière difficile à différencier parfois), rémunéré par le Service de médiation familiale de la Cour supérieure.

Le Canada a servi de plaque tournante à une diffusion parfois très conformiste du modèle mis au point aux États-Unis. À un moment où le modèle canadien entre en crise, certains milieux juridiques européens le transposent sans esprit critique et s'engouffrent dans l'impasse de la médiation-conciliation pensée à travers le seul prisme de la médiation conjugale.

3. **Le développement de la médiation en Europe.** – Il faut distinguer la médiation au sein de l'Europe du développement de la médiation interne avec le soutien des organisations européennes et les expériences purement nationales en Europe.

A) *Les organisations européennes.* – Le pluriel se justifie par la pluralité des Europes, celle de l'Union européenne et celle du Conseil de l'Europe. L'insertion de la médiation dans un mouvement officiel européen doit s'observer avec beaucoup de vigilance pour éviter sa sclérose et son amputation. Il faut distinguer soigneusement le mouvement issu des sociétés civiles, sous forme d'échanges associatifs comme les premières journées européennes de Caen en 1991, des initiatives étatiques intergouvernementales. Ces dernières conduites selon les stratégies et les enjeux publics, à l'aide d'experts rassurants car partenaires habituels et proches des milieux juridictionnels, mais coupés des réalités de la médiation, récupèrent la créativité des pionniers, et les déforment pour les faire rentrer dans leurs analyses autoréférencielles.

Même si le Conseil de l'Europe et l'Union européenne s'invitent mutuellement à coopérer pour la mise en œuvre de leurs textes dans la mesure où l'élaboration se fait séparément, on distinguera :

a) Le Conseil de l'Europe. – Dans une première phase, le Comité des ministres du Conseil de l'Europe avait adopté le 15 mai 1981 une recommandation R-81-7, témoignant de son intérêt pour les techniques de règlement amiable globalement entendu. Ce contexte pèse lourdement sur sa conception de la médiation qui ne se dégage pas clairement de la conciliation dans les textes qui se succèdent : la recommandation n° R(98)1 sur la médiation familiale, la recommandation n° R(99)19 sur la médiation en matière pénale, la recommandation Rec(2001)9 sur les modes alternatifs entre les autorités administratives et les personnes privées, et dernièrement la recommandation R(2002)21 sur la médiation en matière civile. Cette dernière encourage l'utilisation de la médiation pour résoudre des questions comportant un élément international.

L'Assemblée parlementaire du Conseil de l'Europe s'intéresse à la médiation dans une optique plus riche sous l'influence de la députée Lydie Err dans le cadre de la Commission sur l'égalité des chances hommes-femmes.

b) L'Union européenne. – La réflexion et l'incitation se font dans deux directions très différentes :

- à travers le prisme réducteur et confus des *alternative dispute resolution*. Elle aboutit après une consultation très orientée des milieux intéressés sur un certain nombre de questions d'ordre juridique dans le domaine des modes alternatifs de résolution des conflits (MARC) relevant du droit civil et commercial, à la présentation par la commission des Communautés européennes du *Livre vert* en avril 2002, et à la proposition de directive sec(2004)1314 ;
- dans une acception plus complète, le séminaire organisé sur « les nouveaux modes de résolution des conflits de la vie quotidienne », organisé en septembre 2000 lors de la présidence de l'Union européenne par la France, a eu à cœur de ne pas enfermer la médiation dans les modes alternatifs de règlement des conflits mais de tenir compte de ses trois autres fonctions, la prévention des conflits, l'établissement, le rétablissement du lien social, ainsi qu'à la définir comme un processus, alors que la proposition de directive la cantonne à être une procédure. La définition adoptée dans la recommandation finale a bénéficié de l'éclairage d'un groupe d'experts composé de

pionniers, praticiens et théoriciens de milieux très divers de l'Union européenne (séminaire de Créteil, 20-23 septembre 2000, cf. *infra,* chap. II, II).

B) *Les expériences nationales en Europe.* – La médiation familiale (souvent, il vaudrait mieux dire conjugale) a constitué la tête de pont de l'importation du modèle américain. Elle a connu un développement large et précoce en Grande-Bretagne. Sur la base d'une réflexion théorique préalable, le Finer Report de 1974, les services se réclamant soit de la médiation soit de la conciliation apparaissent notamment à Bristol dès 1977[1]. Aujourd'hui encore on perçoit les deux tendances d'origine dans tous les secteurs.

a) La médiation-conciliation judiciaire. – En matière familiale, elle constitue souvent une étape préliminaire imposée par le juge aux conjoints ayant introduit une demande de divorce pour réfléchir sur la garde des enfants. Au Royaume-Uni, c'est une médiation publique très liée à la procédure judiciaire. Elle incombe à un conciliateur qui sera soit un juge soit un travailleur social du tribunal. Dans la plupart des pays européens et dans d'autres secteurs que celui des différends familiaux, cette conception de la médiation-conciliation progresse, encouragée par les milieux judiciaires.

b) La formule associative indépendante des tribunaux. – Elle se distingue de la formule judiciaire par son caractère volontariste mais aussi par d'autres traits qui montrent la richesse et la souplesse des formules associatives. La durée et le nombre des séances correspondent au besoin des partenaires (en moyenne deux à cinq séances). Dégagées du stéréotype judiciaire, les associations ont pu percevoir les finesses de la demande de médiation. Elles distinguent ainsi deux types de médiations : la médiation partielle qui ne concerne que la situation de l'enfant des divorçants, la médiation globale qui prend aussi en

1. Lisa Parkinson, La médiation en matière de divorce, Grande-Bretagne, *Le groupe familial,* 1989, n° 125, p. 49 ; Gwynn Davis, La conciliation en Angleterre, *ibid.,* p. 78.

compte les aspects financiers du divorce. C'est la Family Mediators Association créée à Londres en 1988 qui offre cette possibilité.

L'harmonisation s'annonce difficile en raison non seulement des disparités entre les États, mais aussi entre les Europes. Elle n'est d'ailleurs pas souhaitable si elle consiste en la généralisation de la nébuleuse (voir *infra,* chap. IV, III) qui a longtemps prévalu en France et dont certaines séquelles persistent, ne serait-ce que dans une législation élaborée sans rigueur terminologique et que diffuse la proposition de directive sec(2004)1314.

II. – La médiation dans le domaine international

La médiation discrète de Johan Holst, ministre norvégien des Affaires étrangères, qui permit la signature de l'accord de principe entre les Israéliens et les Palestiniens le 13 septembre 1993, s'est opérée dans des conditions qui illustrent bien la nature de la médiation. Elle s'est produite hors institution, par l'initiative d'une personne dépourvue de pouvoir, dont le nom reste pratiquement ignoré, mais reconnue moralement par les parties en présence. Elle a réussi là où les grandes puissances avaient échoué, par la puissance paradoxale de l'absence de pouvoir. La prolifération de candidats médiateurs dans les conflits qui assombrissent le début du XXIe siècle et leurs tribulations déroute par le nombre et le profil de certains postulants. Pourtant, la médiation peut se prévaloir d'une certaine ancienneté dans le domaine international.

1. Le droit international.

A) *Les relations internationales.* – Elles la connaissent de longue date puisque la Convention pour le règlement pacifique des conflits internationaux (La Haye, 1907) lui consacre son titre II : « Des bons offices et de la médiation ». Ces dispositions qui n'ont pas suffi à empêcher la multiplication des conflits présentent cependant un grand intérêt théorique. Les puissances contractantes conviennent d'avoir recours aux bons offices ou à la médiation avant d'en appeler aux armes (art. 2).

L'article 3 encourage l'initiative de puissances étrangères au conflit, si les circonstances s'y prêtent. Cet article proclame l'existence d'un droit d'offrir sa médiation, même pendant les hostilités. Pour éviter toute équivoque, l'alinéa 3 précise l' « exercice de ce droit ne peut jamais être considéré par l'une ou l'autre des parties comme un acte peu amical ». Les cinq articles suivants apportent sur le rôle du médiateur des indications intéressantes mais ambiguës en ce qu'elles entremêlent médiation et conciliation sans fournir d'éléments distinctifs. En revanche ils fournissent parfois des éclaircissements sur les mécanismes de la médiation. « Le rôle du médiateur consiste à concilier les prétentions opposées et à apaiser les ressentiments qui peuvent s'être produits entre les États en conflit. » L'acceptation des moyens de conciliation proposés par le médiateur est nécessaire à son maintien. En effet ses fonctions cessent dès le constat, par lui-même ou une des parties en litige, de leur rejet. L'article 6 insiste sur le caractère exclusivement consultatif de la médiation, qu'elle soit demandée par les parties en conflit ou à l'initiative du médiateur. Par nature la médiation ne peut avoir pour effet d'interrompre ni la préparation à la guerre, ni les opérations en cours, sauf accord contraire.

L'article 8 concerne une forme spéciale de médiation qui permet aux États en conflit de choisir respectivement une puissance à laquelle ils confient la mission d'entrer en rapport direct avec la puissance choisie par l'autre. Pendant ce mandat qui ne peut excéder trente jours, les États en litige cessent tout rapport direct au sujet du conflit « lequel est considéré comme déféré exclusivement aux puissances médiatrices ».

Il pèse sur les médiateurs une obligation de moyen, ils doivent appliquer tous leurs efforts à régler le différend. Même en cas d'échec, leur mandat ne prend pas fin : les médiateurs doivent « profiter de toute occasion pour tenter de rétablir la paix ».

La médiation est la pièce maîtresse du « pacigérat » établi par l'article 15 du pacte de la Société des Nations. L'ONU lui accorde aussi une place ; ainsi le Conseil de sécurité ou l'Assemblée peuvent jouer un rôle de médiateur ou recommander le recours à un autre médiateur.

B) *Le commerce international.* – Les acteurs du commerce international recourent traditionnellement aux MARC. À côté de l'arbitrage, la médiation (en réalité une conciliation) a les faveurs de l'OMC. Les contrats prévoient de plus en plus fréquemment des clauses de médiation que les juridictions reconnaissent si elles prévoient précisément les modalités de désignation du médiateur, de sa rémunération et de déroulement de la médiation. Des Chambres internationales de médiation et d'arbitrage, souvent en liaison avec une Chambre de commerce internationale, proposent leur intervention. Leurs statuts fixent des procédures de médiation proches de la conciliation ou de l'expertise.

C) *Prospective.* – L'avenir de la médiation internationale se trouve dans de nouveaux champs et de nouveaux acteurs.

a) Nouveaux champs. – Elle couvrira le champ traditionnel de la résolution des conflits, mais aussi l'établissement ou le rétablissement du dialogue interculturel, et donc la prévention des conflits. Elle fournira un outil essentiel à la promotion de la coopération pacifique que des organisations comme l'UNESCO promeuvent. La médiation interculturelle deviendra indispensable à l'élaboration des normes internationales de bioéthique. L'accouchement de valeurs communes ne se fera pas sans la présence systématique, lors des conférences internationales, ou à côté d'instances comme le Comité international de bioéthique, de médiateurs formés au processus de communication éthique qu'est la médiation. C'est le but que s'assigne une association, l'Institut international d'éthique et de médiation biomédicales, scientifiques et sanitaires.

Le dialogue entre les civilisations (numéro spécial du *Courrier de l'UNESCO,* janvier 2004) requiert le sens de la complexité et la reconnaissance de l'égalité de l'autre, valeurs fondamentales de la médiation (*infra,* deuxième partie, chap. II).

La présence de médiateurs formés à cette maïeutique, dans des lieux d'interface, pour y être des passeurs de compréhension devrait devenir systématique. Le troisième volet du processus de Barcelone, le dialogue entre les civilisations, ne pourra se dispenser de médiation.

b) Nouveaux acteurs. – La méthode des bons offices menés par des gouvernants ne convient pas toujours car trop proche du pouvoir. Il s'agit en réalité de conciliation. Incompatible avec le pouvoir, la médiation sera développée par les sociétés civiles, individus, associations, académies, universités. La médiation est appelée à devenir un élément décisif de gouvernance partagée, permettant aux sociétés civiles de pays belligérants d'imposer aux gouvernants, hors des circuits classiques de pouvoirs, un fait accompli de paix, lorsqu'elles subissent le fait accompli de la guerre. La déclaration de Kofi Annan, secrétaire général de l'ONU, le 14 juillet 1998 à São Paulo, témoigne de sa perception de « l'émergence d'une nouvelle ère mondiale où la société civile a un rôle de plus en plus important à jouer aux côtés des institutions officielles ». Plus récemment, le 16 juin 2004 à l'occasion du séminaire international de Beijing, il reconnaissait que « compte tenu de l'impasse actuelle, la société civile disposant d'une plus grande liberté de parole et d'action que les institutions officielles, aura un rôle à jouer dans le conflit israélo-palestinien ». L'initiative de Genève en fournit l'exemple. L'aide de délégations de civils extérieurs au conflit, impartiaux, sans pouvoirs, soucieux simplement de rétablir le dialogue, pour modeste qu'elle semble, entre bien dans l'esprit de médiation (le groupe « témoins pour la paix » conduit par Stéphane Hessel du 28 janvier au 3 février 2003[1] va dans le même sens). Enfin

1. Voir *Le Monde,* 20 février 2003.

la médiation d'accompagnement des traités de paix, pour faciliter le rétablissement du dialogue après des conflits douloureux, entre pleinement dans les fonctions de la médiation étudiées dans la seconde partie[1].

La formation à la diplomatie doit anticiper le besoin de tels médiateurs à l'instar de ce qu'expérimente le CADMOS à l'Université de Paris 11.

2. **Au sein de l'Union européenne.**

A) *Le médiateur de l'Union européenne.* – Le traité d'Union européenne signé à Maastricht le 2 février 1992 crée un médiateur européen désigné par le Parlement européen après chaque élection, pour une durée de cinq ans. Son mandat est renouvelable. Le médiateur européen a pour mission d'intervenir dans les conflits entre l'administration communautaire et les usagers. En dépit du terme « médiateur » figurant dans la version en langue française, l'expression *ombudsman* correspondrait mieux à ses caractéristiques ; c'est d'ailleurs celle qu'adopte la plupart des autres pays. Entouré d'une équipe de 13 personnes dont 7 juristes de nationalités différentes, ce médiateur reçoit près de 1 000 plaintes par an dont moins de 200 s'avèrent recevables. Il publie un volumineux rapport annuel.

B) *Outre qu'une médiature institutionnalisée,* quels que soient ses mérites, n'épuise jamais le besoin de médiation éprouvé dans sa sphère, il y a encore un large champ libre pour la médiation communautaire, dans les secteurs ne relevant pas du médiateur officiel. L'intensification de la construction européenne va insérer dans un même ensemble juridique des groupes sociaux aux traditions différentes, que l'histoire aura parfois opposés violemment. Plus prosaïquement, il faudra aligner progressivement des traditions juridiques hétérogènes. Il faudra de nom-

1. Michèle Guillaume-Hofnung, Le processus de médiation dans la construction de la paix, UNESCO, Colloque du 22 juin 2004, « Société civile et règlement des conflits ».

breuses médiations culturelles pour permettre aux Européens de s'entendre au sens premier du terme. Les médiateurs devront avoir l'intuition des besoins de communication et prendre des initiatives pour contribuer à la création de l'Europe. La médiation en entreprise, en particulier, devra prendre la dimension de l'Europe. Dans ce secteur, les médiateurs seront des interprètes au sens total du terme, accompagnant la traduction des mots et des montages juridiques par leur éclairage social et culturel. C'est le but que s'assigne une association, l'Institut européen d'éthique et de médiation biomédicales et sanitaires.

Chapitre II

LES PRATIQUES DE MÉDIATION EN FRANCE

Ce phénomène concerne tous les secteurs de la vie en société, aussi bien la famille que la scène politique et le secteur public.

I. – La médiation familiale

La médiation familiale est le secteur qui a vécu l'évolution la plus rapide et la plus visible.

1. **Le Conseil national consultatif de la médiation familiale.** – Le groupe de travail présidé par Monique Sassier a permis de mesurer combien la France a pris ses distances avec la conciliation-médiation conjugale qui ne concerne plus qu'un noyau archaïque très proche des milieux judiciaires et du modèle canadien. Il en est résulté le rapport Sassier, *Arguments et propositions pour un statut de la médiation familiale en France* (Dunod, 2001), qui a inspiré les ministres des Affaires familiales, à commencer par l'arrêté de la garde des Sceaux et de la ministre de la Famille du 6 novembre 2001, instituant pour trois ans, un Conseil national consultatif de la médiation familiale. Sous la présidence de Mme Sassier, le CNCMF a élaboré une définition de la médiation familiale, des principes déontologiques et signalé qu'une formation de qualité constituerait, plus qu'une floraison de textes figeant la médiation, la meilleure des garanties. La nécessité pour les autorités publiques de vérifier à l'occasion de l'agrément des centres de formation la pluridisciplinarité des formateurs et des formés fut la préconisation unique

et prioritaire du CNCMF dont la mission a pris fin en novembre 2004.

La composition du Conseil (représentants du ministère de la Justice, de la Famille, de la défenseure des enfants, de la Caisse nationale d'allocations familiales, du Conseil national des barreaux, du Conseil supérieur du notariat, de l'Union nationale des associations familiales, du Centre national d'information et de documentation des femmes et des familles, d'associations de médiateurs familiaux, magistrats, personnalités qualifiées pour leurs recherches et pratiques en tant que pionniers) donne un relief particulier à l'unanimité dont bénéficient la définition des principes déontologiques directeurs. Le Conseil a eu constamment à l'esprit leur possible transposition à tout secteur de la médiation en raison de l'unité fondamentale de celle-ci.

2. **La définition de la médiation familiale.** – Elle a élargi le champ de la médiation familiale en la désenclavant des modes alternatifs et en fournissant des critères précis la distinguant d'eux. Pensée dans la filiation de la définition de la médiation sociale issue du séminaire de Créteil, dans le respect de l'unité fondamentale de la médiation, elle se lit en mettant entre parenthèses l'adjectif familiale, afin de valoir pour tout secteur : « La médiation familiale est un processus de construction ou de reconstruction du lien familial, axé sur l'autonomie et la responsabilité des personnes concernées par des situations de rupture ou de séparation dans lequel un tiers, impartial, indépendant et qualifié et sans pouvoir de décision : le médiateur familial, favorise à travers l'organisation d'entretiens confidentiels, leur communication, la gestion de leur conflit dans le domaine familial entendu dans sa diversité et dans son évolution. » Plus large qu'un mode alternatif de résolution des conflits, elle a pour fonction la construction comme la reconstruction du lien social, la fonction de gestion des conflits (prévention ou règlement) ne vient qu'en fin de définition. Très précise, elle décolle la médiation de l'indifférencié paraju-

ridictionnel, grâce aux critères du tiers et du processus. Le processus, tel que le détaillera la seconde partie de l'ouvrage, ne se réduit pas à une procédure alternative. Les caractéristiques que doit réunir le tiers pour mériter la qualification de médiateur le distinguent bien du conciliateur qui peut ne pas être tiers ou qui peut dépendre d'une institution.

3. **Les principes déontologiques.** – Ils s'articulent autour des deux principaux critères de la médiation : le tiers médiateur et le processus. Une première série de principes garantit le processus de médiation familiale, qui requiert l'autonomie de la volonté des participants, y compris celle du médiateur, et la totale confidentialité. Sans elle les médiés ne s'exprimeront pas, rendant impossible la communication entre les partenaires. Une deuxième série garantit la qualité de médiateur, qui doit s'assurer de sa qualité de tiers tout au long du processus, comme il doit veiller à être impartial, autonome, sans pouvoir, et à être perçu comme tel. L'exigence d'une formation à la médiation fait partie de la déontologie. Il ne suffit pas de transposer l'expérience, la formation acquises dans une carrière précédente et de l'allier à des qualités qu'on croit posséder naturellement, en fonction de l'idée qu'on se fait de la médiation. Les médiateurs, leurs employeurs et les prescripteurs sont responsables du respect des principes déontologiques.

La loi n° 2002-305 du 4 mars 2002 relative à l'autorité parentale introduit la médiation familiale de façon spécifique dans le Code civil à l'article 373-2-10 : en cas de désaccord, le juge s'efforce de concilier les parties. Afin de faciliter la recherche par les parents d'un exercice consensuel de l'autorité parentale, le juge peut leur proposer une médiation et, après avoir recueilli leur accord, désigner un médiateur familial pour y procéder. Il peut leur enjoindre de rencontrer un médiateur familial qui les informera sur l'objet et le déroulement de cette mesure. La loi n° 2004-439 du 26 mai 2004 relative au divorce a introduit la médiation familiale dans la procédure de divorce, au titre des mesures provisoires. L'article 255 du Code civil combine lui aussi la proposition de médiation et l'injonction d'information.

À un moment où certains réclament d'une manière devenue réflexe en France une plus forte intervention des pouvoirs publics, croyant y trouver des garanties pour les médiés et une reconnaissance pour les médiateurs, des doutes s'expriment. L'intérêt des pouvoirs publics pour la médiation familiale comporte bien des risques, celui de l'institutionnalisation dans la mouvance des métiers du social, celui de la professionnalisation à outrance. Les médiateurs professionnels ne sauraient ni absorber la médiation, ni tarir sa spontanéité civique : la médiation reste l'affaire de tous. Les suites données aux travaux du CNCMF fourniront une indication précieuse sur ce qu'on peut espérer de l'intervention des pouvoirs publics. La manière dont les pouvoirs publics ont mis en œuvre les préconisations du CNCMF par le décret sur la formation des médiateurs témoigne de la lourdeur des procédures et de la légèreté de certaines autorités. La transcription en référentiels lourds des critères de qualité préconisés les rend peu visibles et brouille la fonction de médiation. Elle contraste avec la désinvolture du Conseil d'État qui lors de l'examen du projet de décret a retouché, sans compétence scientifique, la définition de la médiation soigneusement élaborée par le CNCMF. Le décret n° 2000-1166 du 2 décembre 2003 portant création du diplôme d'État de médiateur familial, l'arrêté du 12 février 2004 relatif à ce diplôme et surtout ses annexes constituent un ensemble lourd dans les détails et léger par rapport aux garanties conceptuelles et pédagogiques proposées par le CNCMF.

Il n'est pas certain que les pouvoirs publics puissent offrir autre chose qu'une intervention au mieux illusoire, peut-être même contre-productive. Dans la sphère publique, il reste beaucoup à faire pour que les acteurs, les chercheurs, les pouvoirs publics s'approprient tous les progrès des connaissances en médiation. On le mesure dès lors que des recherches concernant la médiation, commandées et publiées par ces derniers, ne prennent pas acte des définitions construites et communément admises par tous. Il y a fort à craindre de l'escamotage de l'effort de rénovation des connaissances et des pensées, au profit de discours ou de travaux autoréférencés. Il laisserait notre pays très en deçà de l'ensemble des évolutions qui sont déjà portées par le terrain.

II. – La médiation de cohésion sociale

1. **Définition.** – L'expression de *médiation sociale* prévaut actuellement ; celle de *médiation de cohésion sociale* lui serait préférable (il n'y a de médiation que sociale), qui peut entraîner une confusion avec un autre secteur de la médiation, celui des conflits du travail, qui relève du droit social.

Il faut pourtant une expression suffisamment vague pour désigner la « pratique sociale proliférante et polymorphe, issue dans la plupart des cas de ruptures de la communication, des opacités et des blocages d'un système social compliqué à l'extrême, de la sophistication des appareils administratifs et juridiques », dont parle Paule Paillet dans un article où elle présente l'action des multiples individus et des associations qui, le plus souvent en dehors des pouvoirs publics, contribuent au maintien ou à la restauration du lien social[1].

La recommandation issue du séminaire de Créteil la définit ainsi : « Processus de création et de réparation du lien social et de règlement des conflits de la vie quotidienne, dans lequel un tiers impartial et indépendant tente, à travers l'organisation d'échanges entre les personnes ou les institutions, de les aider à améliorer une relation ou de régler un conflit qui les oppose. »[2]

1. Paule Paillet, Médiations par milliers, *Informations sociales,* numéro spécial de 1982 sur *Les médiations,* n° 4, p. 6.

2. Actes du séminaire de Créteil, Délégation interministérielle à la Ville, 2001, p. 128.

2. **Tableau.** – Absorbée par les problèmes de la ville, pour l'instant, la médiation sociale s'assimile à la médiation urbaine. Tous les aspects de la médiation trouvent à s'y exercer : prévention et règlement des conflits, amélioration des relations entre les institutions et leur publics, instauration de davantage de lien social entre les habitants et les partenaires. Le colloque « Médiation, éducation aux droits de l'homme – pour vivre ensemble en ville » (UNESCO, 10 mars 2000) et le séminaire de Créteil permettent d'ébaucher un tableau.

A) *La variété des initiatives.* – Les actions suscitées par les difficultés de la vie urbaine offrent un exemple particulièrement pertinent de la dualité d'initiatives, publique et privée, tantôt parallèles, tantôt complémentaires, éventuellement concurrentes. Les initiatives privées sont si nombreuses qu'on doit renoncer à les présenter[1]. L'initiative des pouvoirs publics se manifeste le plus souvent par la création de structures administratives ou des conventions de partenariat.

Initiatives des autorités nationales : la Commission nationale pour le développement social des quartiers créée en 1981, puis la Délégation interministérielle à la ville et au développement social urbain créée en 1988, favorisent les instances de médiation dans les quartiers difficiles. Par ces instances, l'État orchestre les initiatives améliorant la vie urbaine. L'augmentation du nombre de délégués du médiateur de la République résulte aussi d'une politique de la ville au plus près des habitants.

Initiatives des autorités locales : l'initiative en revient aux maires soucieux d'éviter la détérioration de la vie dans certains quartiers de leur ville. On peut aussi faire état de médiations scolaires qui à elles seules concentrent tous les aspects de la médiation civique.

La Mission régionale d'appui droit et ville a élaboré un référentiel sur la médiation à l'intention des acteurs locaux et nationaux.

1. Voir cependant les expériences en annexes des actes du séminaire de Créteil, *op. cit.*, p. 135 à 215.

Le colloque « Médiation sociale » (organisé par la CAFOC du rectorat de Versailles, 4-7 mai 2003) a permis de souligner l'augmentation des dérives dans les actions qui lient trop étroitement la médiation à des dispositifs municipaux associant des élus, des policiers, des magistrats, des organismes HLM, à des médiateurs qui deviennent des agents de sécurité officieux, collecteurs d'informations supposées confidentielles.

B) *L'hétérogénéité des objectifs.* – Ils s'inscrivent dans une politique de la ville pour la rendre plus humaine et rapprocher les institutions de leurs publics. S'y ajoutent des préoccupations sociales : égalité des chances, gestion et prévention de la violence, lutte contre l'exclusion sociale et le déficit d'intégration de certaines populations, notamment dans les quartiers les plus défavorisés. Cette hétérogénéité altère l'autonomie des fonctions de la médiation qui devient auxiliaire de justice et de police, ou du travail social.

Les principes : la déclaration des représentants des pays de l'Union européenne à l'issue du séminaire de Créteil énonce les principes applicables à la médiation sociale[1] :

Le respect des droits de l'homme. Si la médiation permet quelques assouplissements par rapport à certaines règles de droit, elle n'autorise pas l'oubli du droit, surtout sous sa forme la plus éminente dans nos sociétés européennes, les droits de l'homme, garantis par la Convention de 1950.

– *Le principe de clarté.* La médiation ne doit ni permettre aux autorités de fuir les responsabilités inhérentes aux compétences qu'elles détiennent, ni conduire à un service public à deux vitesses ou à une justice du pauvre.

– *Le principe de sincérité.* La médiation ne tient pas lieu de réforme. La tentation est grande de créer un service ou une unité de médiation ou de nommer un médiateur au sein de l'institution et de s'en tenir là.

1. *Op. cit.,* p. 132 à 135.

L'invocation du terme médiation ne suffit pas, il ne doit pas alimenter l'illusion d'une réforme. « La médiation doit s'accompagner d'une réflexion interne » au sein des institutions.

– *Le principe du libre consentement* des partenaires à la médiation se justifie comme une condition psychologique de la réussite. L'exigence du respect de la liberté des partenaires revêt aussi une dimension éthique.

– *Le principe de confidentialité* crée un climat de confiance propice « à un échange fructueux et à un résultat positif ». Il protège les intérêts des partenaires.

– *Le principe de subsidiarité.* Les pouvoirs publics, tant locaux que nationaux ou internationaux, n'ont pas vocation à être systématiquement prestataires de médiation sociale.

– *Le principe de qualité* par l'exigence de formation des médiateurs. Elle apporte aux destinataires de la médiation et aux institutions qui la promeuvent une garantie de compétence. Elle apporte aux médiateurs une légitimité qui assure leur indépendance vis-à-vis des pouvoirs publics.

III. – La médiation du travail

1. **Généralités.** – Elle couvre le même champ que le droit social, sans empiéter sur la médiation en entreprise. Elle est multiforme, reposant parfois sur la mission générale de conciliation du juge, et c'est le début de la confusion qui dure encore. Les bases d'intervention d'un médiateur ne manquent pas, ce qui explique l'acclimatation de « l'institution prétorienne de la médiation »[1]. Il s'agit en fait d'un support favorisant toute technique d'évitement du procès, aussi bien la médiation que la conciliation, avec tous les risques de confusion entre les deux procédés. Cela va de la loi de 1892 confiant au juge de paix le soin de diligenter une conciliation pour prévenir

1. P. Drai, Libres propos sur la médiation judiciaire, in *Études offertes à P. Bellet,* Litec, 1991, p. 123.

les grèves, à la conception initiale du rôle du Conseil de prud'hommes à des textes plus récents comme la loi du 11 février 1950 instaurant l'obligation de recourir à la conciliation, et surtout la loi de 1971 qui l'introduit facultativement dans le règlement des conflits sociaux au même titre que la conciliation et l'arbitrage. Le rapport Auroux de 1981, créant un climat favorable à la médiation, et les succès obtenus par la médiation de J.-J. Dupeyroux lors des conflits Citroën et Talbot de 1982 ont favorisé l'adoption de la loi du 13 novembre 1982 permettant la mise en œuvre directe de la médiation, sans recours préalable à la conciliation.

Les démarches en faveur d'une médiation préventive pour renouer le dialogue social expérimentées en France en 1996 sous le double pilotage du ministère du Travail et de l'Agence nationale pour l'amélioration des conditions de travail acclimatent la méthode. Un accord signé le 13 juin 2002 au sein du groupe Cegetel institue un système de médiation pour rechercher une solution à tout malentendu ou dysfonctionnement. La loi n° 2002-73 du 17 janvier 2002 sur la modernisation sociale prévoit l'intervention d'un médiateur dans différentes procédures d'information et de consultation des représentants du personnel, définies aux articles L. 432-1 et L. 432-1-3 du Code du travail. La loi fait suite à l'arrêt rendu par l'Assemblée plénière de la Cour de cassation le 8 décembre 2000 (SA de Télécommunication c/ Coudière *et al.*, à propos de l'étendue des pouvoirs respectifs de l'employeur et du juge en cas de restructurations entraînant cessation totale ou partielle d'activité affectant notablement l'emploi). La médiation fait partie du dispositif de lutte contre le harcèlement moral (art. 171 de la loi de modernisation sociale), sauf dans le secteur public.

2. **Illustrations.**

A) *Dans les différends individuels.* – Le juge entend parfois jouer lui-même un rôle sur la base de l'article 21 du Nouveau Code de procédure civile (NCPC), établissant qu'il entre dans la mission du juge de concilier. Certaines conventions et accords collectifs renvoient expressément à la médiation en organisant des procédures paritaires de médiation dans le cadre d'une branche professionnelle ou d'une entreprise. Ainsi l'accord sur le développement du rôle et des moyens des organisations syndicales intervenu en octobre 1991, dans le secteur de la distribution et de la restauration du groupe Casino, pour les conflits graves individuels qui n'auraient pu trouver de solution dans le cadre des instances prévues à cet effet. Mais comme souvent les termes médiation et conciliation sont abusivement mêlés puisque les commissions paritaires de médiation offrent une possibilité de conciliation. La loi du 8 février 1995 et son décret d'application du 22 juillet 1996, supposés fournir à la médiation en matière de conflits individuels du travail une base textuelle distincte de la conciliation ne justifient pas l'utilisation de deux termes différents, médiation et conciliation, et les dote d'un régime juridique quasiment indifférencié.

Les chambres sociales des cours d'appel de Paris et de Grenoble la proposent systématiquement sur la base des articles 131-1 et s. NCPC. Mme Brenneur, alors présidente de la chambre sociale de la cour d'appel de Grenoble, estimait qu'en cinq ans d'application de cette loi les propositions de médiation représentaient 15 % du contentieux des affaires prud'homales.

B) *Dans les conflits collectifs.* – On trouve des exemples variés d'utilisation des procédés de médiations prévus ou permis par le droit français, y compris la médiation obligatoire prévue à l'article L. 524-1 du Code du travail. À signaler aussi l'article L. 523-6 qui prévoit qu'en cas d'échec de la procédure de conciliation, le conflit est soumis soit à la procédure de l'arbitrage soit à la procédure de médiation décrite aux articles L. 524-1 et s. D'une manière générale la médiation intervient :

a) À l'initiative du juge. – Depuis une trentaine d'années, comme le signale A. Jeammaud[1], dans un mouvement de judiciarisation des conflits du travail, certains juges imposent le recours à la médiation. Certains présidents de tribunaux de grande instance, saisis en référé par des employeurs pour expulser des grévistes, mandatent des tiers indifféremment qualifiés techniciens, consultants, conciliateurs, et médiateurs. Le tiers joue un rôle stratégique mais complexe. Par mandat de justice il reçoit mission de faire un rapport au magistrat avant la décision d'expulsion. Mais la préparation du rapport donne au médiateur l'occasion de stimuler la négociation entre l'employeur et les occupants de l'entreprise. La médiation s'effectue dans un contexte de pression sur l'employeur puisque le magistrat ne prononce la décision d'évacuation que si les négociations échouent par la mauvaise volonté des grévistes et non la sienne, à l'appréciation du médiateur. Les magistrats fondent leur pratique sur l'article 21 NCPC qui servirait de fondement à une médiation effectuée par eux.

La nomination d'un médiateur tend à devenir l'objet de demandes adressées au juge des référés par certains syndicats. Il arrive que le défendeur conclue devant le juge au rejet d'une requête visant à imposer une médiation, situation pour le moins curieuse.

b) Les médiations à l'initiative du gouvernement concernent le plus souvent de grandes entreprises publiques ou privées, dont le caractère stratégique ou le prestige rend nécessaire une intervention étatique.

C) *Les inspecteurs du travail.* – Sans être des médiateurs, ils ont depuis longtemps une propension à la médiation, encouragée par le rapport Sudreau de 1975 et depuis peu par la création d'équipes formées à la conci-

1. Actes du colloque de Lausanne, « La médiation : un mode alternatif de résolution des conflits ? », 14 et 15 novembre 1991, p. 42.

liation, à la médiation et à la psychologie[1]. La part de leur activité assimilable à la médiation ne saurait être sous-estimée. Comment évaluer les médiations informelles qu'on leur prête entre les PME et leurs salariés, parfois par téléphone ? S'il leur arrive de favoriser le dialogue entre partenaires sociaux ou belligérants, pour favoriser le règlement négocié des difficultés sociales, la nature de la mission première des inspecteurs du travail fournit un butoir d'importance à leurs activités de médiation. Ils demeurent des fonctionnaires investis d'une mission de contrôle et de prérogatives de puissance publique qui contraste avec la base contractuelle de leur activité complémentaire de médiation. Certains inspecteurs par crainte d'un brouillage d'image préfèrent se limiter à une conception stricte de leur mission de contrôle de l'application de la législation et de la réglementation du travail, assortie d'un pouvoir de sanction. Quelques juges, ne redoutant pas ce risque de brouillage, désignent l'inspecteur du travail comme médiateur.

La médiation sociale est cependant loin de faire l'unanimité. Si une partie des patrons la préconisent, et une partie des syndicats la demandent, elle suscite aussi beaucoup de méfiance. Si dans le domaine des rapports interentreprises, le CNPF a mis sur pied l'ARDIC, association assurant une offre de médiation et de conciliation dans un cadre de discrétion absolue et de solidarité patronale, pour lui, la médiation dans les conflits sociaux doit rester exceptionnelle. La loi du 3 janvier 2003 portant relance de la négociation collective en matière de licenciements économiques assouplit les exigences antérieures en permettant la nomination d'un médiateur qui ne serait pas extérieur à l'entreprise pourvu que les parties y consentent (art. L. 122-54 C. trav.).

1. Hubert Touzard, Propositions destinées à améliorer l'efficacité de la médiation dans les conflits du travail, *Droit social,* 1977 ; P. Viano, Le rôle de l'inspection du travail dans le règlement des conflits collectifs, *Droit social,* 1977, p. 94.

IV. – La médiation dans le secteur public

Il s'agit d'une médiation investie d'une autorité institutionnelle, parfois au plus haut niveau comme le médiateur de la République, dont l'insertion dans la Constitution a même été envisagée.

1. **Le médiateur de la République.** – Ses homologues étrangers s'appellent défenseur du peuple pour l'Espagne, ombudsman (celui qui est habilité à agir pour autrui étymologiquement) dans les pays scandinaves, ombudspersonne, commissaire parlementaire en Grande-Bretagne, appellation correspondant à un aspect déterminant de leur nature qui les place parmi les modes de contrôle du pouvoir exécutif, plus que de médiation. Le législateur français a préféré dans la loi du 3 janvier 1973 qui crée l'institution l'appeler médiateur et lui dénier l'intitulé complémentaire de « défenseur des droits et des libertés » proposé par amendement parlementaire, pour en faire « l'intercesseur gracieux entre le citoyen et l'administration » selon l'expression de M. Pleven. La terminologie reflète l'esprit de conciliation qui inspire le modèle français à l'exclusion d'un esprit de contrôle ou de censure de l'administration. Il ne faut pas perdre de vue cette donnée fondamentale pour comprendre les principaux aspects de l'institution.

L'article 69 de la loi du 13 janvier 1989 le qualifie d'autorité indépendante, pour tenter de corriger l'expression « autorité administrative », utilisée par le Conseil d'État dans son arrêt d'Assemblée Retail du 10 juillet 1981, juridiquement justifiée, mais mal accueillie par la médiature. L'article 1 de son statut prévoit qu'il ne reçoit d'instruction d'aucune autorité. Sans remettre en cause le caractère unipersonnel de l'institution, l'instauration de ses délégués en assure le développement territorial et facilite son accès. Ils reçoivent les réclamants dans leurs permanences. La loi du 12 avril 2000, relative aux droits des citoyens dans leurs relations avec l'administration, leur apporte la consécration législative, l'article 10 de la loi du 2 juillet 2003 consolide leur statut.

2. **Les autres médiateurs dans le secteur public.** – Ils se développent à profusion et certains secteurs comme l'environnement les découvrent. Il est difficile d'en présenter un tableau complet et de discerner une rationalité d'ensemble[1]. Pour la quasi-totalité il s'agit en réalité de conciliateurs, voire d'arbitres publics[2].

On peut identifier deux grandes vagues.

A) *La médiation de conflits,* le plus souvent de type vertical, c'est-à-dire entre une institution et son public ou son personnel. Les dispositifs, pour utiles qu'ils soient, présentent des caractéristiques communes, fort éloignées de la médiation. En réalité, ils concilient gratuitement de l'intérieur de l'institution selon des procédures presque exclusivement écrites, qui en font des instances de dernier recours.

Le médiateur de la RATP, créé en 1990, le médiateur de la SNCF créé en 1994, ou le médiateur de La Poste en 1995 : leur création résulte toujours d'un protocole d'accord entre la direction de l'organisme public et des associations de consommateurs ou d'usagers. Le médiateur du CNRS intervient pour résoudre les différends survenant dans l'établissement entre le personnel et la hiérarchie. Le médiateur de l'Éducation nationale : le décret n° 98-1682 du 1er décembre 1998 instaure un dispositif complexe de médiation qui doit éviter de concurrencer le médiateur de la République dont il s'inspire officiellement. Les médiateurs, le plus souvent adjoints au maire, chargés par une collectivité locale (généralement une commune) de concilier les administrés et la collectivité. Le médiateur de la ville de Paris existe depuis 1977. Elle résout à l'amiable les conflits sur tous les problèmes de la compétence de Paris, sauf l'attribution de logements. Les médiateurs du secteur audiovisuel public : en 1988 France Télévision a lancé le mouvement en nommant

1. Voir Michèle Guillaume-Hofnung, La médiation, *AJDA,* 1997, p. 30 à 41.
2. Voir *Médiations et sociétés,* n° 3, janvier 2003, p. 8 et s.

deux médiateurs pour l'information, un pour France 2, un pour France 3, ainsi qu'une médiatrice commune pour les programmes de France Télévision. La médiatrice d'EDF exerce une fonction de conciliation créée en novembre 1998. Dernière instance de recours, directement rattachée au président du groupe, elle propose une solution ou une conciliation aux parties. Le médiateur de la Caisse des dépôts, institué en 1996, comme le médiateur du ministère de l'Économie et des Finances, institué en avril 2002, sont des fonctionnaires de l'institution. La formule de présentation la plus ambiguë revient au système instauré par France Télécom : « Le service national consommateurs de France Télécom est l'instance de médiation pour les litiges relevant des missions de service universel de France Télécom. »

Certains médiateurs interviennent dans les conflits horizontaux, c'est-à-dire entre administrés placés sur un même plan, le médiateur se conduisant comme une sorte d'arbitre public entre les intérêts particuliers.

Le médiateur du cinéma. Créé par l'article 92 de la loi n° 82-652 du 29 juillet 1982, sa fonction est la conciliation préalable des litiges relatifs à la diffusion en salle des œuvres cinématographiques, dus aux monopoles de faits, aux positions dominantes, ainsi qu'à toute situation ayant pour objet ou pour effet de restreindre ou de fausser le jeu de la concurrence, révélant l'existence d'obstacles à la plus large diffusion des œuvres cinématographiques conforme à l'intérêt général. Sa mission est large et les titulaires de la fonction y voient une mission de régulation pragmatique du marché[1]. S'il a mission de rechercher l'accord entre les parties, il a un pouvoir d'injonction à leur encontre pour préciser les mesures qui lui paraissent de nature à mettre fin à des situations litigieuses. Ce pouvoir d'injonction désigne le médiateur du cinéma comme l'illustration la plus aberrante du titre de médiateur.

1. J.-F. Lacan, Un entretien avec M.-J. Vistel, médiateur du cinéma, *Le Monde,* 10 novembre 1988.

Le médiateur de l'édition publique, créé par une circulaire du Premier ministre du 9 décembre 1999, a reçu la double mission de suivre l'activité éditoriale du secteur public, sa mission principale, et d'assurer une médiation entre les éditeurs privés et publics.

Les services de médiation des offices publics d'HLM interviennent dans les conflits de voisinage entre locataires, le plus souvent dus au bruit. Le service « hygiène et environnement » de la ville d'Angers intervient en amont d'une éventuelle poursuite judiciaire, selon un système très particulier de médiation combinant un arsenal de moyens mélangeant la contrainte, l'autorité et le dialogue.

Les services municipaux de médiation se distinguent du médiateur municipal chargé de régler des conflits verticaux (administration/administré) en ce qu'ils règlent, dans le cadre d'un service public, des conflits entre particuliers. Les conflits de voisinage, les rapports locatifs, les litiges de consommation constituent leur activité.

B) *La médiation de maillage social* regroupe des actions tant nationales que locales (voir *supra*). Elle se développe sous la pression des besoins souvent révélés par des faits divers dramatiques, sans grande réflexion d'ensemble ni cohésion. Elle est souvent assurée dans le cadre d'emplois jeunes en faisant l'impasse sur la formation. Le colloque « Médiations » organisé à Rennes le 27 avril 1999 donne une bonne idée de la grande hétérogénéité des initiatives municipales en faveur du maillage social. De nombreux dispositifs, dont les correspondants de nuit, y ont été présentés.

V. – **La médiation dans le secteur de l'entreprise**

L'entreprise ouvre un vaste secteur à la médiation pourvu qu'on pose bien le problème et qu'on utilise une terminologie correcte. La médiation intra-entreprise recouvre partiellement la médiation du travail déjà étudiée, ainsi que la médiation interculturelle entre les composantes censées concourir à son bon fonctionnement et la médiation des difficultés contractuelles, entre partenaires ou avec ses clients.

1. **Dans le domaine des difficultés contractuelles.** – La référence au contrat dont l'exécution pose problème permet de regrouper ici des situations apparemment disparates : contentieux de la consommation, du surendettement, des assurances et contentieux mutualiste. L'échec de l'expérience étatique BP 5000, paralysée par l'opposition des unions de consommateurs préférant garder la maîtrise de l'affrontement avec les producteurs, montre les difficultés des politiques d'interposition dans le domaine de la consommation en général. Des éléments de solution ont été recherchés dans diverses directions. Certains se rattachent à la conciliation et seront vus au chapitre III. Par un phénomène de mode, l'utilisation du terme médiation progresse ici aussi de manière impropre. Il s'agit le plus souvent de modes alternatifs de traitement des réclamations traités en interne, donc de conciliation. La fiche pratique de l'INC n° 1265, tout en donnant les éléments de distinction entre médiation et conciliation, annonce utiliser « indifféremment » les deux termes.

A) *Avec les clients ou les usagers* de l'entreprise, la formule antinomique du médiateur maison. De nombreuses entreprises se sont dotées de ce qu'elles aiment présenter comme un médiateur. Il s'agit le plus souvent en réalité d'un dispositif de conciliation déléguée, d'un arbitrage différé. Ces médiateurs présentent des caractéristiques communes. Ils appliquent un mode de traitement des réclamations très éloigné du processus de médiation, et qui aboutit à un avis, voire dans certains cas à une quasi-décision ou une solution en équité. Le médiateur interne fonctionne en conciliateur. Quand il est externe, il fonctionne comme une sorte d'arbitre. Sa manière de travailler reproduit, plus que l'expression mode alternatif de règlement des conflits ne le suggère, celle des acteurs traditionnels du système juridictionnel ou de ses auxiliaires. En effet, il examine une demande sous l'angle du respect des procédures, il vérifie la recevabilité et le bien-fondé de la réclamation et recherche éventuellement des compléments d'information. Son champ lexical reproduit presque à l'identique celui du juridictionnel. Il n'y a pas lieu de distinguer entreprises privées et publiques pour les points essentiels à la compréhension de ce que les promoteurs privés ou publics qualifient de médiation.

B) *Illustration de la médiation* dans le domaine des assurances et de la banque. Le secteur des assurances a servi de laboratoire. Les assureurs, pour tenir compte des recommandations de la Commission consultative de l'assurance, ont installé dès 1990 des formules variables de médiation-conciliation visant à améliorer le traitement des réclamations et à éviter les procès. La situation évoluant vite et sans rigueur terminologique, il est difficile de présenter un tableau clair de la médiation dans le domaine des assurances et de la banque.

a) Médiation ou conciliation ? – Les assureurs ont hésité avant de céder à la mode et d'utiliser le terme *médiationné* pour couvrir des situations aussi diverses que la médiation interne (le système du médiateur maison), la médiation externe, la médiation-conciliation.

Ainsi, l'UAP a utilisé de 1990 à 1993 le terme « conciliation » pour désigner l'activité d'un ancien magistrat, le président Caron qui depuis 1990 examinait en liaison avec le service des relations avec la clientèle les dossiers litigieux. Le conciliateur, rémunéré par l'UAP, devait rendre son avis dans les deux mois de sa saisine par le client (pour ce dernier la conciliation est gratuite) ou par le service clientèle. La procédure marquée par le vocabulaire juridique (délais, recevabilité) correspondait à la mission du conciliateur qui n'examine que des litiges juridiques. Le système était cohérent. Mais un changement terminologique s'est opéré, sans que cela modifie le système si on en croit la direction de la qualité annonçant dans une note du 11 janvier 1994 : « Nous avons conservé notre système de conciliation, en vigueur depuis février 1990, dont les règles ne contredisent pas celles prévues par la charte de la FFSA sur la médiation. Seul le nom change, désormais nos conciliateurs ont pris le nom de médiateurs. » Après une période de dispersion, pendant laquelle les entreprises d'assurances se sont dotées de médiateurs propres, la tendance est au regroupement. Il s'agit d'un regroupement par famille et non de l'instauration d'un médiateur unique pour toutes les entreprises d'assurances. En juillet 1993, les trois familles ont adopté une charte de la médiation, qui leur est commune mais qui respecte un système décentralisé permettant à chaque famille d'avoir son médiateur et sa charte.

La charte de la médiation de la FFSA prévoit aussi un dispositif à deux niveaux, un au niveau de chaque entreprise d'assurance confié à une personnalité extérieure, un au niveau de la FFSA. Il s'agit d'un médiateur professionnel désigné à l'unanimité par un conseil composé du président de l'Institut national de la consommation, du président de la Commission consultative de l'assurance et du président de la FFSA. Il opère selon une procédure très juridique et rend un avis motivé dans les trois mois suivant sa saisine.

Les médiateurs maisons, même présentés comme « hors des murs de l'entreprise »[1], suscitent la méfiance des usagers qui les perçoivent en « super-services consommateurs nourris et blanchis par les entreprises ». La création d'une fonction médiation dans le domaine des assurances résulte de l'incitation des pouvoirs publics.

b) Ombudsman ou médiateur ? – Au modèle du *banking ombudsman* britannique, doté de pouvoirs d'investigation, comme celui d'exiger que les banques lui communiquent tous documents confidentiels et d'enquêter ou même interroger pour établir les faits dont la connaissance lui semble nécessaire, le législateur français a préféré un système moins contraignant pour les banques, très inspiré du secteur des assurances, et a une fois de

1. *Le Monde,* 22 septembre 2003, p. 1.

plus utilisé à tort le terme médiation. L'article 312-1-3 CMF, issu de la loi MURCEF du 11 décembre 2001, impose aux établissements de crédit de désigner un ou des médiateurs. La loi MURCEF institue un comité de la médiation bancaire ayant pour mission de préciser les modalités d'exercice de l'activité des médiateurs. Le décret du 5 mars 2003 régit son organisation. L'article L. 312-1-3 CMF impose aux médiateurs nommés par les banques de statuer dans un délai de deux mois à compter de leur saisine. Leur saisine suspend la prescription pendant la durée de la médiation.

L'appellation *médiateur de,* qui utilise la préposition *de* et non *à,* signale leur relation d'appartenance à l'institution.

C) *Entre entreprises partenaires.* – Rien ne distingue ce secteur de la présentation du chapitre III : la médiation est noyée dans la nébuleuse des modes alternatifs. Les promoteurs mettent en avant les avantages de la médiation : la confidentialité, la dédramatisation qui permettra la poursuite des relations entre les partenaires, la rapidité, la souplesse et le moindre coût. Qualités que la conciliation présente aussi. La dimension internationale ne change pas, non plus, fondamentalement la nature des modes mis en œuvre pour résoudre les difficultés contractuelles et utilise les dispositifs du commerce international (cf. *supra,* chap. II, I).

2. **La médiation intra-entreprise.** – Dans une entreprise la coexistence de plusieurs cultures nécessiterait des médiations interculturelles pour transformer en richesse ce qui souvent constitue un frein à son développement, faute de perception de l'incommunication et des dysfonctionnements qu'elle engendre. Le besoin de reconnaissance mutuelle des acteurs requiert des médiations. Plus que la gestion des conflits qui relève de la conciliation, l'avenir de la médiation en entreprise se trouve dans leur prévention par une meilleure communication et dans la stimulation de la coopération des éléments qui la cons-

titue. Lorsque l'entreprise résulte de fusions, « la guerre des cultures » peut prendre des formes aiguës. Les états-majors préparent soigneusement les aspects techniques, économiques et financiers des fusions et négligent trop souvent de réfléchir à la médiation interculturelle. Là encore, on constate des réticences à penser la médiation dans toute sa dimension. La médiation ne peut se concevoir sans un tiers extérieur. Or l'entreprise redoute le vrai tiers ; elle se contente d'une apparence de médiation par adaptation de la fonction DRH par l'introduction de coaching, de thérapie de groupe ou d'audit. L'audit constitue une étape dans l'acceptabilité culturelle du tiers. La résolution du conflit très dur qui a opposé la direction de l'Institut Pasteur à son personnel vient de se conclure par l'intervention d'un tiers totalement extérieur.

VI. – La médiation dans le domaine de la santé

À première vue, c'est-à-dire en se limitant aux textes législatifs et réglementaires, la médiation a fait son entrée par la mauvaise porte, celle qui en fait l'otage de la nébuleuse des MARC. Une observation plus poussée montre que la santé est probablement le secteur qui va permettre à la médiation d'exprimer tout son potentiel de communication éthique.

1. **La médiation otage de la conciliation et des financeurs de l'indemnisation des préjudices liés au soin.** – Qu'il s'agisse des médiateurs nommés par les organismes d'assurance maladie pour régler les litiges avec leurs usagers, des médiateurs indépendants que peuvent déléguer les CRCI (Commissions régionales de conciliation et d'indemnisation des accidents médicaux des affections iatrogènes et des infections nosocomiales), ou des médiateurs des hôpitaux, les textes leur assignent un statut et une fonction de conciliateurs. La loi du 4 mars 2002 porte à son comble le mélange des genres qui nourrit la nébu-

leuse des MARC. Elle charge les CRCI (art. L. 1142-6, al. et R. 795-41) d'une double mission de règlement amiable et de conciliation (art. L. 1142-5). Les CRCI occupent un rôle central dans les procédures de règlement amiable des accidents médicaux, d'origine fautive ou non. Elles sont présentées comme reprenant le rôle des anciennes commissions de conciliation, à ceci près que ces dernières ne conciliaient pas ! L'introduction intempestive dans un amendement mal informé de la possibilité au profit des CRCI de déléguer un médiateur laisse pantois, puisqu'on ne peut déléguer une fonction de médiation que l'on n'a pas. Les difficultés de mise en place des commissions et les restrictions de marge de manœuvre que l'emprise des compagnies d'assurance impose aux médiateurs indépendants augurent mal de l'avenir.

Le décret n° 2005-213 du 2 mars 2005, relatif à la commission des relations avec les usagers et de la qualité de la prise en charge, répercute les incertitudes terminologiques de la loi. Il y inclut deux médiateurs désignés par le responsable légal de l'établissement (art. R. 1112-81). Dans la logique du médiateur maison, ils font partie des médecins pour le médiateur médecin et le médiateur non médecin exerce dans l'établissement (art. R. 1112-82). La sous-section 4 du décret leur attribue un rôle de gestionnaire des plaintes et réclamations, en réalité de conciliateur, comme tous les médiateurs institutionnels.

2. **Une réalité plus riche** s'observe du côté de la société civile, qui engendre des pratiques de médiation exprimant non pas uniquement son potentiel d'évitement de la justice mais son potentiel de création, de recréation du lien social, contribuant par là même à la prévention des conflits. La complexité des situations conduit à reconnaître qu'à l'occasion d'un problème de santé peut surgir aussi bien un besoin de médiation pour surmonter un problème familial, que de tension dans l'entreprise (l'hôpital, la clinique), que des incompréhensions d'origines sociales et culturelles entre soignants et soignés. La médiation en tant que processus de communica-

tion éthique apporte un élément de réponse au paradoxe de notre système de soins. Comment expliquer le paradoxe d'un système de soins de plus en plus performant qui engendre pourtant une grande insatisfaction ? En grande partie par un déficit de prise en compte de la parole des usagers, par un manque de moins en moins bien supporté de communication.

Les témoignages ne manquent pas, qui proviennent tant des citoyens que des autorités médicales, politiques et sociales. Dans le système de santé, des gens qui écoutent, il y en a, les psychologues en particulier. Des gens qui parlent ou qui voudraient parler, il y en a encore plus. Des gens qui communiquent, il y en a très peu finalement, car peu de paroles ont le même niveau, et les professionnels de l'écoute ont rarement la mission complémentaire de mise en relation. L'hôpital fournit une illustration intéressante. La parole s'y répartit entre des niveaux sociaux ou statutaires très hiérarchisés. Il y a la parole des médecins, avec les modulations institutionnelles qui va de la parole du professeur à la parole du simple médecin, des membres non médecins de l'équipe, des rouages de l'institution de soin, des malades, souvent usagers d'un service public et enfin de la famille à la place rarement définie mais toujours incommode, pour elle comme pour le système hospitalier. La médiation pourra apporter à une discipline naissante, la proximologie, l'élément de cohésion dont elle a besoin.

Pour les malades, en situation de vulnérabilité, le déficit de communication est mal vécu. La qualité de la communication médicale devient un élément de la qualité des soins.

Les exemples de réponses à cette demande de médiation sont presque toujours associatives, extérieures à l'institution. Elles sont nées de la rencontre entre les familles, les soignants et divers intervenants sociaux. Les dispositifs reposent sur des conventions passées entre des médiateurs et la structure de soins, définissant les rôles et obligations des médiateurs ou, le plus souvent, des médiatrices. Ainsi, l'association Évreux-plus a passé avec le centre hospitalier d'Évreux une convention permettant l'intervention de femmes-relais pour conduire des actions de médiation entre les usagers et l'institution. L'Association havraise pour l'accueil, la médiation et l'insertion facilite depuis 1989 la communication entre les familles étrangères et le personnel des services médicaux et sociaux. Des interprètes-médiatrices interviennent tous les matins au pavillon maternité du centre hospitalier. La Caisse primaire d'assurance maladie, la Caisse d'allocations familiales du Havre, les collectivités locales et le Centre hospitalier du Havre les financent.

VII. – **Dans le domaine politique**

Il convient de réserver ce terme aux conflits internes, bien que les conflits internationaux soient aussi politiques. Ainsi la médiation « internationale » demandée par l'Inkatha et refusée par le président De Klerk (*Le Monde,* 5 mars 1994) est en réalité une médiation dans un conflit interne, qui serait effectuée par un médiateur extra-national. C'est une médiation politique.

Une illustration s'impose : la mission de dialogue envoyée en Nouvelle-Calédonie en 1988 sous la coordination de Christian Blanc. Selon J.-F. Six[1], elle constitue l'événement qui « plus que tout autre a mis en exergue la méthode de la médiation dans le domaine politique ». Après les événements sanglants survenus à Ouvéa en avril 1988, le président de la République a nommé un médiateur collectif composé de six personnalités très différentes : le pasteur Stewart président de la Fédération protestante de France, le recteur de l'Institut catholique de Paris Mgr Guiberteau, Roger Leray ancien grand maître du Grand-Orient de France, Pierre Steinmetz, Jean-Claude Perrier et Christian Blanc, le chef de mission désigné par le Premier ministre Michel Rocard. Trois d'entre eux ont expliqué lors de colloques organisés par l'Institut de formation à la médiation et le Centre natio-

1. *Op. cit.,* p. 134.

nal de la médiation ce qui dans leur action leur paraissait caractéristique de la médiation. Tout d'abord, un charisme collectif parallèle à une absence de pouvoir : « La mission n'avait ni rôle de juge, ni rôle d'arbitre, ni rôle politique. » Elle n'avait pas de pouvoir, mais a permis à des gens de se rejoindre pour envisager un nouvel avenir qui tînt compte des réalités humaines (J. Stewart). Ensuite l'absence de modèle préétabli, pas de procédure mais un processus qui s'est enclenché en cohérence avec l'objet de la mission. Une conception non réductrice de la mission de médiation : « Il a toujours été clair qu'il ne s'agissait pas d'une mission de négociation. L'objet de la médiation consistait à écouter, puis à envoyer un rapport sur les chances et les chemins de la paix en Nouvelle-Calédonie » (Mgr Guiberteau). Une grande qualité d'écoute et de contact, 1 200 rencontres individuelles ou en petits groupes. Et enfin une forte dose d'idéalisme : « Notre mission a aussi contribué à mettre en évidence le besoin de s'appuyer sur l'utopie » (J. Stewart). Une utopie qui après le fossé creusé par la violence du printemps 1988 aboutissait à la signature des accords de Matignon.

Chapitre III

TENTATIVE DE CLARIFICATION : LA MÉDIATION ET LES MODES DE RÈGLEMENT NON JURIDICTIONNELS DES LITIGES

Le développement des modes non juridictionnels, modes alternatifs de règlement des conflits (MARC) ou des litiges (MARL), intéresse le secteur privé et public. En France, la création du médiateur de la République en 1973 constitue un premier temps fort dans la diffusion de tels procédés. Il existe des interférences entre la constellation des modes non contentieux de règlement des litiges et la médiation. On ne peut pas couper le phénomène de la médiation de la culture sociale qui l'accompagne. Si la transaction, le règlement amiable, la conciliation n'avaient pas préparé le terrain, la médiation n'aurait pu recueillir une si large adhésion, même si cela entraîne de redoutables nuisances terminologiques.

Deux cas se présentent dans les rapports entre la médiation et les modes de règlement non juridictionnels des différends :

– Les configurations nettes. Il n'existe pas d'équivoque. Les techniques classiques de règlement non juridictionnelles (la conciliation, la transaction, l'amiable composition, l'arbitrage) sont présentées comme telles et non comme de la médiation.

– La nébuleuse médiation-conciliation. Ce terme de « nébuleuse » traduit l'embarras de qui veut faire un tableau de la médiation. Dans un certain nombre de travaux, la médiation se voit associée à la conciliation. L'impression d'équivalence naît de l'emploi indifférencié des termes parfois dans la même phrase, parfois du trait d'union inexpliqué. L'étude adoptée par l'assemblée du

Conseil d'État le 4 février 1993, *Régler autrement les conflits* (La Documentation française, 1993), cumule tous ces signes, elle ajoute même des guillemets pour encadrer le couple médiation-conciliation.

On peut tenter une clarification en présentant d'abord la conciliation dans les relations entre particuliers, puis les modes alternatifs de règlement des litiges dans le secteur public et la médiation institutionnalisée dans la mouvance de ces nouveaux modes, formant alors la nébuleuse conciliation-médiation.

Il ne semble pas conforme au droit de gloser sur des textes législatifs ou réglementaires qui confondent médiation et conciliation. Les juristes doivent en prendre conscience et faire un effort pédagogique auprès des institutions privées et publiques pour préserver la rigueur de la terminologie juridique.

I. – Les configurations nettes

1. **La conciliation entre les particuliers.** – L'incitation peut venir des pouvoirs publics, sous forme de texte, de pratique expérimentale ou de l'instauration de dispositifs.

A) *La conciliation générale, les conciliateurs de justice.* – Sous leur forme contemporaine, ce sont des auxiliaires de justice, nés de la volonté de désengorger la justice judiciaire.

a) Leurs origines. – Glasson et Tissier[1] font état d'une tradition ancienne décrite par Voltaire dans une lettre de 1745. Cette institution, en vigueur dans les Flandres françaises, était inspirée de l'exemple hollandais. Ils mentionnent aussi la loi des 16-24 août 1790 qui soumettait toutes les affaires de la compétence du tribunal de district, y compris les affaires urgentes et insusceptibles de transaction, à un préliminaire obligatoire de conciliation. Elle évinçait de l'audience les hommes de loi. La nullité d'ordre public qui sanctionnait l'omission de la concilia-

1. E. Glasson, A. Tissier, *Traité théorique et pratique d'organisation judiciaire de compétence et de procédure civile,* Sirey, 3e éd., 1926, t. 2, p. 406.

tion ainsi que l'amende de 30 livres encourue par celui qui ne comparaissait pas devant le bureau de paix et de conciliation montrent l'importance de la conciliation dans l'esprit de l'assemblée constituante. L'appréciation qu'Esmein[1] porte sur eux un siècle plus tard n'est guère flatteuse. Elle explique après coup la circulaire du ministre de la Justice du 29 brumaire an V désapprouvant la pression exercée par certains sur les parties pour les concilier à tout prix, et le discrédit qui devait conduire la plupart des tribunaux d'appel à en demander la suppression lors de la discussion du Code de procédure civile.

En dépit de cette expérience décevante, les codes napoléoniens imposaient avant tout procès civil un préliminaire obligatoire, la conciliation des plaideurs par le juge de paix. Le caractère obligatoire de la conciliation aboutit au même échec, les plaideurs durent recourir à des stratégies d'évitement que les juges finirent par entériner. La loi du 9 février 1949 remplaça l'obligation par une faculté ouverte au juge. L'institution ne survécut toutefois qu'inégalement à plein temps dans les meilleurs cas, souvent itinérante faute d'une demande suffisante. La réforme de 1958 les supprima.

Pourtant, la figure du juge de paix, avec celle du curé, de l'instituteur ou du médecin de campagne, sages et pacificateurs traditionnels, reste présente dans l'idée que se font nos contemporains des modes alternatifs. Il y a plus qu'un symbole dans la possibilité accordée par l'arrêté du 11 mai 1981 par lequel le garde des Sceaux autorise les conciliateurs à porter dans l'exercice de leurs fonctions une médaille reproduisant l'œuvre de Roquelay, créateur de la médaille du juge de paix en 1791, avec la mention « conciliateur 1791-1978 ».

La substitution du juge d'instance au juge de paix en 1958 n'entraîna pas pour autant la disparition de la conciliation, mais celle-ci n'est plus l'apanage d'un juge spécialisé. L'article 21 du Nouveau Code de procédure ci-

1. Adhémar Esmein, *Précis élémentaire de l'histoire du droit français de 1789 à 1814,* Sirey, 1911, p. 42.

vile incorpore la conciliation dans la mission de toutes les juridictions auxquelles il s'applique. L'article 768 le précise pour le tribunal de grande instance dans les termes suivants : « Au tribunal de grande instance, le juge des mises en état peut constater la conciliation, même partielle des parties. » Pour le tribunal d'instance, c'est l'article 840 qui précise « le juge s'efforce de concilier les parties ».

Les articles L. 511.I et R. 516.3 du Code du travail, en faisant de la conciliation la mission première du Conseil de prud'hommes, et l'article 863 du Code du commerce témoignent eux aussi de la fidélité du législateur à la conciliation.

L'idée du juge de paix revint, l'institution du juge d'instance ne comblant pas le vide provoqué par la suppression du juge de paix.

En matière civile, pour des raisons variables (désengorgement des juridictions ou déjudiciarisation, rapprochement, simplification, rapidité), les gardes des Sceaux successifs, à l'exception de R. Badinter, ont tenté de réactiver l'équivalent du juge de paix. En 1976, O. Guichard alors garde des Sceaux donne le coup d'envoi décisif avec l'idée des conciliateurs de justice. Son successeur A. Peyrefitte décida de l'expérimenter dans quatre départements et de la consacrer par le décret n° 78-381 du 20 mars 1978 (modifié par le décret n° 81-583 du 18 mai 1981 et le décret n° 93-254 du 25 février 1993) et complété par une circulaire du 26 avril 1978.

b) Les conciliateurs depuis 1978. – L'institution des conciliateurs connaît une existence aléatoire au gré des gouvernements. Le décret n° 78-381 du 20 mars 1978, modifié par le décret 81-583 du 18 mai 1981 et précisé par la circulaire du 27 février 1987, fixe leur régime juridique. La défiance non dissimulée de R. Badinter prit la forme d'une longue réflexion sur leur utilité. Pendant les cinq années que dura la réflexion, le nombre des conciliateurs passa de plus de 1 000 à 400 en 1986. Le garde des Sceaux suivant, A. Chalandon, relança le recrutement des conciliateurs. Cette fluctuation liée aux aléas politiques affaiblit l'institution car elle semble l'associer à un courant politique. Est-ce pour exorciser ces mauvais souvenirs que les nouveaux auxiliaires de justice s'accrochent à l'appellation de médiateur tout en se plaçant dans la même situation que les conciliateurs traditionnels ?

En réponse à une question de J.-L. Masson sur la possibilité de doter les conciliateurs d'un statut d'auxiliaire de justice, le ministre de la Justice répondait « les conciliateurs sont d'ores et déjà des auxiliaires de justice » (*JO,* 5 septembre 1988).

B) *La conciliation judiciaire dans les conflits du travail.* Il existe une grande variété de conflits du travail qui ne relèvent pas tous du même type de solution. En raison de l'importance des conflits non justiciables, le droit français du travail fait une large place à la conciliation. En effet ce type de conflit n'oppose pas des prétentions juridiques contradictoires ; il ne concerne pas l'application du droit mais sa modification (hausse des salaires par exemple). Le conflit collectif se définit sommairement comme celui portant sur les droits ou intérêts communs à un groupe de salariés. Dans les conflits justiciables, le différend porte sur l'application ou l'interprétation du droit existant.

a) La conciliation des conflits individuels. – Sommairement ce sont les conflits qui opposent un employeur à un salarié.

Diverses dispositions du Code du travail font une place privilégiée à la conciliation :

- la conciliation est obligatoire pour les conflits individuels, puisque l'article L. 521-1 l'intègre dans la procédure prud'homale. Elle est donc plus qu'une conciliation préjudiciaire ;
- la création d'une juridiction, le Conseil de prud'hommes, dont la mission essentielle est de régler par la voie de la conciliation les différends individuels, témoigne de l'intérêt pour la conciliation.

La place faite à la conciliation se manifeste jusque dans l'organisation des Conseils de prud'hommes. Chaque Conseil comporte cinq sections et chaque section comprend un bureau de conciliation composé de deux membres, un employeur, un salarié, qui se partagent la présidence à tour de rôle.

Le Conseil de prud'hommes ne juge que si la conciliation échoue. La possibilité d'une conciliation tout au long des autres étapes achève de la privilégier par rapport au jugement. Elle repose sur l'article 21 du Nouveau Code de procédure civile qu'il n'y a pas lieu d'exclure en droit du travail et sur l'article 127 du même Code permettant aux parties de se concilier elles-mêmes ou à l'initiative du juge. Le bureau de jugement du Conseil de prud'hommes pourra donc inciter les parties à un accord et consigner celui-ci dans un procès-verbal doté de force exécutoire.

b) Bien que facultative pour les conflits collectifs la conciliation bénéficie de la faveur du droit étatique depuis la loi de 1892 qui instituait une procédure de conciliation diligentée par le juge de paix. La loi n° 82-957 du 13 novembre 1982 rend la conciliation facultative pour le règlement des conflits collectifs (art. L. 523-1), qu'il s'agisse de la conciliation conventionnelle ou réglementaire, mais en prévoit la possibilité en termes très généraux.

Une fois le recours à la conciliation décidé, les parties doivent en faciliter la réussite (art. L. 523-3), elles doivent comparaître devant les commissions de conciliation (art. 523-4). À l'issue des réunions, les parties reçoivent un procès-verbal établi par le président de la commission qui constate leur accord ou leur désaccord total ou partiel (art. 523-5).

À côté de la procédure légale, le Code du travail encourage les conventions collectives à prévoir des procédures spécifiques de conciliation. La conciliation peut aussi résulter d'un accord collectif pris au niveau de la branche ou de l'entreprise.

On ne peut isoler l'engouement du droit français pour la conciliation d'une tendance transnationale perceptible aussi bien en Europe occidentale[1] qu'en Amérique du Nord et latine. La Fédération suisse comme les cantons

1. A. Jacobs, *Conciliation, médiation, arbitrage dans les conflits du travail en Europe occidentale,* Institut de Dublin, 1993.

l'organisent, soit à titre facultatif soit à titre obligatoire, devant les juridictions de droit commun ou l'office fédéral de conciliation. La loi allemande sur la juridiction du travail organise une première étape de conciliation devant le président de celle-ci. La tentative de conciliation est obligatoire devant le service consultatif de conciliation et d'arbitrage au Royaume-Uni. La loi espagnole de 1990 introduit une procédure au nom expressif d'évitement du procès, tentative de conciliation devant un organe institué par un accord collectif ou à défaut par un organisme administratif. Depuis un accord signé à Madrid le 26 janvier 1996 entre les principales confédérations d'employeurs et de salariés, devenu l'accord tripartite du 18 juillet 1996 par la signature du ministre du Travail, la médiation trouve sa place à côté de la conciliation et de l'arbitrage. L'existence de la Juntas de conciliacion y arbitraje au Mexique et de la Juntas de conciiaçao e julgamento au Brésil témoigne de sa présence en Amérique latine. Le règlement négocié des conflits du travail a aussi la faveur des institutions internationales, la charte sociale européenne et les conventions de l'Organisation internationale du travail la préconisent. L'article 8 de la Convention 151 et la Convention 154, adoptées par la Conférence internationale du travail respectivement le 27 juin 1978 et le 3 juin 1981, attribuent à la conciliation une vocation générale, la préconisant pour tous les secteurs de l'activité économique y compris la fonction publique. La France ne les a pas ratifiées en raison de l'avis défavorable du Conseil d'État. Cependant, la politique de renouveau du service public donne un regain à la conciliation dans le secteur public.

En conclusion, la conciliation apparaît comme une pièce maîtresse du dispositif étatique de règlement des conflits du travail.

C) *Les conciliateurs spécialisés.*

a) Dans le domaine des entreprises en difficultés.

– Les entreprises industrielles et commerciales : la loi n° 84-148 du 1er mars 1984 permet au président du tribunal de commerce, quand il voit apparaître les premières difficultés d'une entreprise, de désigner un conciliateur pour trouver un accord amiable entre les créanciers sur certains aménagements de la dette.

– Les entreprises agricoles : la loi n° 88-1202 du 30 décembre 1988 prévoit la même possibilité à propos des entreprises agricoles et en confie la mise en œuvre au président du tribunal de grande instance. En cas d'échec la procédure de redressement ou de liquidation judiciaires réglera classiquement le sort de l'entreprise commerciale ou agricole.

b) Les commissions de conciliation. – Les commissions départementales de conciliation en matière de baux remplacent les commissions départementales des rapports locatifs créées par la loi 82-526 du 22 juin 1982 dite loi Quillot, initialement remplacées par des commissions similaires issues de la loi Méhaignerie n° 86-1290 du 23 décembre 1986. Sous leur forme actuelle, elles résultent de la loi n° 89-462 du 6 juillet 1989 et doivent tenter de concilier les parties à un contrat de location.

Les commissions départementales d'examen des situations des personnes endettées : la loi 89-1010 du 31 décembre 1989 institue des commissions départementales chargées d'examiner la situation de surendettement des particuliers. Saisies par le débiteur, ou un créancier ou par le juge de l'exécution (selon la loi n° 91-650 du 9 juillet 1991), elles dressent l'état d'endettement du débiteur de bonne foi et tente d'élaborer un plan conventionnel de remboursement par la voie de la conciliation.

2. **La conciliation spontanée dans le domaine pénal.** – À côté de la conciliation programmée à grande échelle par des textes étatiques, une autre forme de conciliation est apparue. Elle est spontanée en ce sens que si elle réussissait à se rattacher à des textes, c'est en les débordant largement et non sur leur déclenchement exprès qu'elle intervenait. Théoriquement inenvisageable, elle s'est pratiquée pourtant comme le résume bien le n° 8 précité de décembre 1986 du *Bulletin du CLCJ* (Comité de liaison des

associations socio-éducatives de contrôle judiciaire) qui rassemble les témoignages de magistrats pionniers. Une distinction se perçoit dans les expériences présentées. Elles ont toutes en commun d'avoir été récupérées sous l'appellation abusive de « médiation pénale ».

A) *La conciliation pénale par le juge lui-même.* – La conciliation entre-t-elle dans la mission du juge pénal, et plus particulièrement du juge d'instruction ? Dans les expériences présentées on distingue deux types de situations en fonction du degré d'activité du juge.

Il peut arriver que les parties amorcent spontanément une conciliation dans le cabinet du juge d'instruction : le juge doit-il l'ignorer ou en tenir compte ?

Mme Nicole Lherault (alors premier juge d'instruction à Paris) dans le n° 8 précité du *Bulletin du CLCJ* décrit ces expériences. Le juge peut être dérouté, les parties n'ont pas le comportement attendu, souvent elles ne se connaissaient pas avant l'infraction. L'auteur de l'infraction découvre un visage, une réalité, et mesure mieux qu'il a lésé un individu et non une victime désignée par le hasard. La victime découvre un agresseur parfois banal ou pitoyable. La confrontation devient une rencontre. Que doit faire le juge, désemparé ? Il ne peut « revenir au jeu de rôles de la scène judiciaire habituelle. La seule attitude convenable pour lui est l'effacement : les parties jouent vrai, et lui a perdu sa magie. Cela ne veut pas dire que la conciliation exclue le juge, mais il a un autre rôle, celui de l'écouteur qui peut apaiser, qui doit renseigner chacun sur ses droits, qui doit imposer un rappel au réel, au possible » (p. 24). Le possible, ce pourra être un « désintéressement-réparation » dont le juge guide l'encadrement en contribuant à la rédaction d'un accord.

Le juge face à une situation complexe prend l'initiative de la conciliation. C'est le cas quand l'inculpé et la victime se connaissaient, l'infraction n'est qu'un épisode. Le juge peut donc avoir à cœur de régler le conflit globalement, dans sa complexité. En cas d'échec de la conciliation, de maintien de la plainte, il transmettra à la juridiction de jugement un dossier plus riche éclairant mieux la personnalité de l'accusé. La conciliation peut passer pour une des modalités de son action.

B) *La conciliation par un auxiliaire de justice, le conciliateur.* – Dans le *Bulletin du* CLCJ précité, M. Georges Apap alors procureur de la République à Valence présente les raisons et les grandes lignes des premières expériences quasi contemporaines et spontanées des magistrats du parquet qui furent à l'origine de la conciliation pénale (p. 29)[1].

L'expérience tentée à Valence dans le quartier de Fontbarlettes et dans le quartier du Plan repose sur une certaine conception de la mission du juge pénal en cas de petite délinquance : la recherche de la paix sociale prime la distribution des torts. Elle passe par le rétablissement de la confiance dans les rapports sociaux dans les quartiers choisis pour l'essai de la conciliation pénale. « La solution retenue a été celle de faire régler les litiges nés dans le quartier par les habitants du quartier eux-mêmes, et plus précisément par une équipe de conciliateurs nommés par l'autorité judiciaire, choisis par elle et recevant d'elle les dossiers qu'elle aura à traiter. »[2]

G. Apap insiste sur l'esprit pacificateur de l'expérience de conciliation pénale : « Contrairement à l'idée communément répandue dès qu'on parle de conciliation, l'intention de désencombrer des juridictions surchargées n'a jamais habité l'esprit des deux magistrats qui ont imaginé ces structures » (p. 31).

Il faut conserver à l'esprit les expériences qui viennent d'être présentées pour les comparer à celles qui le seront par la suite sous la rubrique médiation pénale. On ne peut éviter de penser que la médiation pénale est en réalité de la conciliation pénale et de déplorer la malencontreuse requalification législative qui nourrit toutes les

1. Voir aussi Georges Apap, La conciliation pénale à Valence, *Revue sc. crim.*, 1990, p. 633 et s.
2. Georges Apap, *op. cit.*, p. 29.

autres interventions législatives, comme l'engouement aussi équivoque, que quasiment unanime, des milieux juridiques.

II. – Les modes non juridictionnels de règlement des conflits en droit public

Souvent anciens mais jusqu'alors toujours subsidiaires par rapport aux modes juridictionnels, ils ne prêtaient pas à confusion avec la médiation. Le caractère légèrement tardif par rapport au milieu judiciaire de l'intérêt des publicistes pour les modes alternatifs n'a pas pour autant engendré une plus grande maturité conceptuelle à propos de la médiation. L'étude demandée par E. Cresson, alors Premier ministre, par une lettre du 10 juillet 1991, adoptée par l'assemblée générale du Conseil d'État le 4 février 1993, les rattache à des préoccupations de prévention du contentieux, à une volonté de gain de temps et un souci d'équité. Lorsqu'il s'agit essentiellement de la conciliation, la transaction, l'arbitrage et du règlement amiable, le document utilise une terminologie fiable, mais devient nébuleux lorsqu'il aborde ce qu'il qualifie lui-même de médiation-conciliation. Depuis ce rapport la réflexion n'avance guère en dépit de la constitution de groupes de travail à l'initiative de la section du contentieux qui hésitent à se dégager du fait accompli des qualifications erronées, qui bloque toute rectification. Il semble politiquement difficile d'admettre qu'en raison de leur mission de conciliation et faute d'être des tiers et de mettre en œuvre un processus, les médiateurs du secteur public sont en réalité des conciliateurs, à commencer par le médiateur de la République.

1. La conciliation en droit public.

A) *Généralités.* – Il existe un droit commun de la conciliation, largement inspiré du droit privé. Le droit public l'a toujours utilisé d'une manière informelle. On assiste depuis quelques années à une tentative d'officialisation de cette technique. La transposition pure et simple du droit civil ne pose en général pas de problème dans ce domaine mais lorsque la conciliation aboutit à un accord engageant une personne publique, il faut respecter les règles du droit administratif relatives à la transaction. Les termes de la loi n° 86-14 du 6 janvier 1986 (art. L. 3, al. 2 du Code des tribunaux administratifs et des cours administratives d'appel) sont suffisamment généraux pour conférer au juge administratif une mission de conciliation, que l'arrêt Veriter (Conseil d'État Assemblée, 23 juin 1989) a implicitement estimée applicable sans texte plus précis. Depuis la situation n'a pas évolué, les décrets prévus par la loi n° 87-1127 du 31 décembre 1987 font défaut. On présente parfois le décret n° 91-204 du 25 février 1991 parmi les textes d'application de la loi de 1987 (*infra* B).

B) *Exemples.* – La conciliation est une technique éprouvée dans certains secteurs de l'activité administrative. Dans ce procédé (tantôt facultatif mais parfois obligatoire comme celui qui résulte de la loi du 17 avril 1906) de règlement non contentieux des litiges, les parties font appel à un conciliateur qui propose une solution qu'elles sont libres d'accepter ou non. De nombreux cahiers des charges types prévoient le recours à une commission paritaire en cas de difficulté pour réviser les tarifs dans le cadre d'un contrat de concession.

Le Code des marchés publics (art. 239 à 247) institue dans chaque ministère un Comité consultatif de règlement amiable chargé d'opérer une conciliation en cas de litige entre l'administration et ses contractants. La loi du 31 décembre 1959 sur les rapports entre l'État et les établissements d'enseignement privé impose aux signataires le passage devant les comités de conciliation institués dans chaque département avant tout recours contentieux en cas de litiges concernant la passation ou l'exécution des contrats d'établissement[1].

Dans son titre V « Règlement des litiges » (décret n° 81-272 du 18 mars 1981), le Code des marchés publics

1. Georgel, *J.-Cl. adm.*, 232.

fait intervenir une grande variété de comités consultatifs de règlement amiable (art. 239 à 247). Le décret n° 91-204 du 25 février 1991 institue auprès du Premier ministre un Comité consultatif national de règlement amiable des différends ou litiges relatifs aux marchés passés par les services centraux de l'État et, sous certaines réserves, de ses établissements publics autres que ceux qui ont le caractère d'établissements à caractère industriel et commercial (art. 239.I CMP ; art. 240 pour sa composition). L'arrêté du 13 février 1992 organise des comités consultatifs régionaux ou interrégionaux de règlement amiable des différends ou des litiges relatifs aux marchés passés par les services extérieurs de l'État (art. 239.II). L'article 239.III CMP leur assigne « pour mission de rechercher les éléments de droit ou de fait pouvant être équitablement adoptés en vue d'une solution amiable ».

Le comité peut être saisi soit par le ministre ou le représentant légal de l'établissement public, soit par le titulaire du marché, ce qui suspend le délai de recours contentieux, interrompt le cours des différentes prescriptions et déchéances. Le reste de l'article 242 fixe une procédure quasi juridictionnelle. L'avis du Comité national ne lie pas les parties mais possède une autorité morale très forte en raison de sa composition.

Le décret du 20 février 1959 relatif au contentieux des pensions militaires d'invalidité accorde au président de la juridiction des pensions la faculté de concilier en son cabinet (soit à son initiative, soit à celle du demandeur d'une pension militaire d'invalidité) l'administration dont la proposition est contestée et le demandeur.

Le Code de l'urbanisme (art. L. 121-9 issu de l'art. 39 de la loi n° 83-8 du 7 janvier 1983 et R. 121-2 à R. 121-12 du Code de l'urbanisme, décret n° 83-810 du 9 septembre 1983) crée dans chaque département une commission de conciliation, présidée par un élu local, qui formule « des propositions alternatives publiques » en cas de difficultés liées à l'élaboration des documents d'urbanisme opposables aux tiers (schémas directeurs, secteurs, plan d'occupation des sols et autres). Elle peut être saisie par les personnes publiques associées qui ont émis un avis défavorable au projet de document d'urbanisme.

Le Code de l'urbanisme emploie expressément le terme de « conciliation » à la différence de la plupart des textes mentionnés ci-dessus qui utilisent l'expression « accord amiable ».

2. **La transaction en droit public** peut se prévaloir d'une pratique ancienne et abondante malgré ses origines civilistes. Il s'agit d'une technique ancienne, reconnue par le Conseil d'État depuis un arrêt ministre de la Marine c/ Corbet du 22 juin 1883 (*Rec.,* p. 589), et pouvant être opérée par la plupart des collectivités publiques (les statuts des établissements publics l'autorisent libéralement). Elle constitue souvent l'aboutissement d'une conciliation.

En dépit d'inégalités marquées entre les collectivités, la transaction est une pratique courante. L'étude précitée du Conseil d'État en dresse un tableau diversifié (p. 56 à 83). Si certaines administrations et certains secteurs en font un large usage (l'administration fiscale), il existe de nombreuses raisons à sa faible utilisation dans d'autres secteurs. On constate sa faible utilisation dans celui des dommages de travaux publics et son absence du secteur des marchés publics.

La loi du 2 mars 1982 élargit le potentiel de la transaction en supprimant une entrave d'importance qu'imposait l'article 2045 du Code civil, l'autorisation expresse du président de la République pour les communes. Il ne reste que les limites de fond posées par deux arrêts du Conseil d'État interdisant les transactions qui masqueraient une libéralité de l'Administration (Sieurs Mergui, 19 mars 1971, *Rec.,* p. 235) ou à son profit (SA Entreprise Renaudin, *Rec.,* p. 139). Les textes organisant la transaction en matière fiscale présentent l'intérêt de prendre en compte la dimension pénale de la transaction ; ils prévoient à cet effet l'intervention du ministère public.

3. **L'arbitrage.** – L'arbitrage est une procédure, commune au droit privé et au droit public. Malgré une certaine diversité dans les procédures d'arbitrage, il existe un régime juridique commun pour l'essentiel, qui résulte dans ses grandes lignes des articles 2059 à 2061 du Code civil et du livre IV du Code de procédure civile.

L'arbitrage ne s'est développé que tardivement en droit administratif. Il semblait contradictoire que l'État détienne le monopole de la mission de rendre la justice et recourt à des juges privés pour la solution de litiges le concernant ainsi que d'autres collectivités publiques. C'est donc logiquement que l'article 2060 C. civ. interdit l'arbitrage notamment pour « les contestations intéressant les collectivités publiques et les établissements publics ». Selon un principe général du droit public bien établi et rappelé dans un avis du Conseil d'État du 6 mars 1986 à propos de l'affaire EuroDisneyland : « Les personnes morales de droit public ne peuvent pas se soustraire aux règles qui déterminent la compétence des juridictions nationales en remettant à la décision d'un arbitre la solution des litiges auxquels elles sont parties et qui se rattachent à des rapports relevant de l'ordre juridique interne. » Dans une décision juridictionnelle cette fois, le Conseil d'État a fait une application rigoureuse de ce principe (3 mars 1989, Sté Area, *Rec.*, p. 69).

Il existe cependant des exceptions qui résultent soit de la loi soit de conventions internationales :

- tout d'abord l'article 247 CMP : « Conformément à l'article 69 de la loi du 17 avril 1906 [...] l'État peut pour la liquidation de ses dépenses de travaux et de fournitures recourir à l'arbitrage tel qu'il est réglé par le livre IV du Nouveau Code de procédure civile » ;
- la loi n° 75-596 du 9 juillet 1975 permettant à certaines catégories d'établissements publics de compromettre ;
- la loi du 30 décembre 1982 permettant à la SNCF de passer des conventions d'arbitrage, celle du 2 juillet 1990 à La Poste et à France Télécom ;

– la loi du 19 août a permis de surmonter l'avis défavorable du Conseil d'État à propos d'EuroDisneyland en permettant l'arbitrage dans le contentieux des contrats conclus entre les collectivités publiques et des sociétés étrangères en vue de la réalisation d'investissements ;
– de nombreuses conventions internationales prévoient un éventuel arbitrage, par exemple le traité de Canterbury du 12 février 1986 relatif au tunnel sous la Manche.

III. – La nébuleuse conciliation-médiation

On y trouve d'abord la médiation judiciaire de droit commun, la médiation pénale et la plupart des systèmes institutionnels de médiation tant publics que privés qui parent leurs conciliateurs des atours du médiateur.

1. **La médiation judiciaire.** – L'exposé des motifs relatifs à la proposition de loi n° 185 « portant institution de la médiation judiciaire » présentée par le sénateur Jacques Larché mettait immédiatement en avant une volonté de désencombrer le rôle des tribunaux.

La volonté du législateur de donner un nouvel essor à la résolution amiable des conflits finit par aboutir à l'adoption de la loi n° 95-125 du 8 février 1995 dont l'article 21 permet au juge de désigner, après accord des parties, une tierce personne pour procéder soit aux tentatives préalables de conciliation prescrites par la loi (sauf en matière de séparation de corps ou de divorce) soit à une médiation, en tout état de procédure, y compris en référé, pour tenter de parvenir à un accord entre les parties. Pas plus que son décret d'application (n° 96-652, 22 juillet 1996), elle ne sort la médiation de la nébuleuse des modes alternatifs de conflits. On cherchera vainement dans ces textes les critères distinguant la médiation de la conciliation. De nombreux auteurs en concluent (légitimement si on s'en tient au droit positif) qu'il n'existe pas de différence de nature mais seulement de degré entre la médiation et la conciliation. On ne peut manquer d'interroger le législateur : une différence de degré justifie-t-elle l'utilisation de deux termes différents ? La loi

du 8 février 1995 dont le Pr Jarosson critique justement la déplorable rédaction est donc en plus stérile conceptuellement. Stérile aussi en pratique : son décret d'application donne au justiciable moins de garantie en matière de formation spécifique à la médiation que la plupart des codes de déontologie d'origine associative.

On peut espérer que le GEMME (Groupement européen des magistrats pour la médiation) créé le 19 décembre 2003 va, grâce à des groupes de travail animés par un souci de qualité, permettre une prise de conscience efficace. Car, on l'a vu, on ne peut l'attendre ni du *Livre vert,* ni de la directive européenne du 22 octobre 2004.

2. **La médiation pénale.** – La pratique de la conciliation pénale décrite plus haut va recevoir sur le terrain et dans les textes une autre qualification : médiation pénale ou parfois médiation-réparation sans qu'on puisse établir les raisons du changement terminologique. Cette requalification en médiation pénale inflige à la médiation une des déformations les plus préjudiciables parmi les nombreuses que les textes et les institutions tant privées que publiques lui ont infligées. L'expression « médiation pénale » est probablement la pire chose advenue à la médiation, non seulement en soi, mais par l'encouragement qu'elle a apporté à la médiation judiciaire qui ne peut être autre chose qu'une conciliation déléguée par le juge. Les requalifications législatives peuvent jouer avec les mots mais pas avec les réalités. On doit déplorer l'absence de justification conceptuelle pour justifier le changement de terme à propos de pratiques identiques. Aujourd'hui encore, la médiation pénale pâtit de cette confusion.

A) *La requalification sur le terrain.* – À l'occasion de la petite délinquance des mineurs des magistrats s'appuyant sur l'article 40 CPP lancèrent des expériences, parfois qualifiées de médiations-réparations. S'agissant de la petite délinquance des majeurs, les pouvoirs publics prirent à leur compte les initiatives de magistrats pionniers. Les parquets de Rennes et de Pontoise avaient ouvert la voie. Ces pratiques spontanées mais convergentes de certains magistrats aboutirent au développement de la justice de proximité. Le terme recouvre indifféremment les antennes de justice et les maisons de justice, espaces judiciaires déconcentrés sous l'autorité du parquet qui reste maître des poursuites, ou d'autres magistrats et souvent animées avec la collaboration des barreaux.

Les antennes de justice s'installent dans des quartiers difficiles sur mandat du parquet. Elles regroupent des intervenants variés des magistrats honoraires, des avocats, des représentants d'associations d'aide aux victimes et fonctionnent souvent en coordination avec des maisons du droit qui facilitent l'accès au droit, effectuent des médiations civiles, pénales, donnent des conseils et des informations juridiques, parfois assurent le suivi des mesures éducatives.

Les maisons de justice issues des initiatives contemporaines et spontanées de magistrats : M. Moinard, procureur de la République au TGI de Pontoise en 1990 (qui suscita la création d'une maison de justice à Cergy-Pontoise en 1990), Mme Beau juge pour enfants à Strasbourg, inspirèrent la délégation ministérielle à la ville. La coïncidence entre cette initiative et la politique judiciaire de la ville allait favoriser le développement des maisons de justice. Dans cette période, le procédé de création est en général le suivant : un magistrat propose au conseil départemental de la prévention de la délinquance, présidé par le préfet, de mettre en place une ou plusieurs antennes de justice. Une commune propose un local. L'hétérogénéité des pratiques allait conduire la chancellerie à élaborer une charte des maisons de justice et du droit (octobre 1992). À la suite du rapport Vignoble (février 1995) le ministère de la Justice favorisa leur création (circulaire mars 1996) dans la recherche d'une justice de proximité. Le dispositif s'est développé quantitativement mais reste marqué par les circonstances de départ, plaçant la médiation pénale dans une équivoque terminologique et fonctionnelle.

B) *La requalification dans les textes.* – C'est la pratique de conciliation pénale rebaptisée médiation que consacre la loi n° 93-2 du 4 janvier 1993 : « Le procureur de la République peut enfin, préalablement à la décision sur l'action publique et avec l'accord des parties, décider de recourir à une médiation » (art. 41 CPP). Précédemment, un projet d'amendement déposé par le gouvernement devant l'Assemblée nationale le 27 avril 1992 avait tenté d'officialiser la pratique de la médiation-réparation pour les mineurs.

Mais ce sont des textes antérieurs émanant de la chancellerie qui ont entraîné sans qu'elle la maîtrise l'utilisation du terme médiation par ses partenaires (notamment l'Institut national d'aide aux victimes et de médiation, et le Comité de liaison des associations de contrôle judiciaire) qui a vraisemblablement favorisé le changement terminologique intempestif. Plus récemment, la note d'orientation sur la médiation pénale diffusée en octobre 1992 par la Direction des affaires criminelles et des grâces décrit des pratiques et pose des objectifs conformes aux précédentes expériences de conciliation pénale. La « médiation pénale » (entre guillemets dans le texte de la note, p. 3) y figure comme la réponse donnée dans 75 tribunaux à la petite délinquance et comme un mode d'exercice de l'action publique au même titre que le classement sous condition dont elle serait une modalité. Le décret du 10 avril 1996 et la loi n° 98-1163 du 18 décembre 1998 consacrent l'expression « médiation pénale » à un moment où les acteurs commencent à douter de sa pertinence. Le décret n° 2001-71 du 29 janvier 2001 relatif aux délégués et aux « médiateurs du procureur de la République » ajoute à la confusion terminologique et accrédite une fâcheuse appartenance du médiateur au procureur. Pour l'instant la Chancellerie ne semble pas remettre en cause l'expression erronée « médiation pénale » puisqu'elle l'utilise dans la loi Perben 2 du 9 mars 2004 pour préciser l'article 41-1 CPP en prévoyant qu'en cas de réussite de la médiation, le procureur de la République ou le médiateur du procureur de la République en dresse procès-verbal, qui est signé par lui-même et par les parties, et dont une copie leur est remise. La circulaire relative à la politique pénale en matière de réponses alternatives aux poursuites (Crim. 04-3/E5-16-03-04) contient des passages inquiétants pour la confidentialité sur le compte rendu final rédigé par le médiateur « du » procureur.

IV. – Conclusion de la première partie

Que dire au terme de cet inventaire à la Prévert ? On peut avancer deux explications à son caractère décousu. Tout d'abord, la difficulté d'enfermer dans des limites nécessairement étroites et sans un recul chronologique suffisant une réalité si riche et si mouvante. En réalité le caractère décousu de ce tableau révèle surtout l'impossibilité scientifique de l'entreprise. La plupart des expériences mentionnées ici n'ont à voir avec la médiation que le nom dont on les pare. L'impression d'incohérence ressentie à sa lecture est donc parfaitement justifiée. Elle rend nécessaire une mise au point terminologique et au-delà une réflexion théorique sur la médiation.

Avant d'aborder cette étape il convient de faire la synthèse de l'observation du phénomène : si on excepte la médiature de la République, la médiation est un phénomène surgi le plus souvent de la société civile, et ce dans tous les secteurs de la médiation. L'innovation sociale qu'elle engendre est partie d'initiatives discrètes, dispersées, qui progressivement s'intègrent dans un réseau associatif. Dans quelques secteurs, certaines associations en quête de financement et d'une consécration témoignant d'une conception naïve de la légitimité, se sont rapprochées des institutions publiques au point d'en devenir des auxiliaires. Le télescopage entre la spontanéité de la médiation et l'appareil officiel a engendré un flou gênant. L'orchestration des pouvoirs publics n'est pas systématique, elle prend des formes variables et obéit à une chronologie propre à chaque pays, mais elle provoque le plus souvent un hiatus entre les termes utilisés par les pouvoirs publics et la réalité sur le terrain.

DEUXIÈME PARTIE

ÉBAUCHE D'UNE THÉORIE DE LA MÉDIATION

La médiation en est encore à ses débuts. S'il est nécessaire d'ébaucher son statut épistémologique, il serait présomptueux de faire aujourd'hui sa théorie. Elle va encore évoluer. La médiation n'est pas un concept flou, elle bénéficie d'une définition rigoureuse mais pâtit d'une utilisation irréfléchie. Cette constatation suffit à rendre prioritaire un effort théorique, pour surmonter les dégâts du primat de l'urgence pratique.

Après avoir satisfait à la première urgence, celle de la définition, il sera intéressant de réfléchir aux références de la médiation et à son régime juridique.

Chapitre I

DÉFINITION ET NATURE DE LA MÉDIATION

La cohérence conduit à rechercher une correspondance entre la nature d'un phénomène, sa définition et son régime juridique. La méthode inductive à partir de l'observation large d'un phénomène permet d'en isoler les traits saillants et donc de le définir. Appliquée à la médiation, la méthode inductive commande de dépasser la présentation par secteurs de l'activité sociale opérée dans la première partie. L'établissement d'une typologie des variétés de médiations combinée aux observations de la première partie sert de base à une définition de la médiation ainsi qu'à une hypothèse sur sa nature.

I. – Définition

1. **Les variétés de médiation.** – La théorie de la médiation doit beaucoup à l'ouvrage de J.-F. Six, *Le Temps des médiateurs,* qui préserve son ampleur et met en valeur toutes ses facettes : « Une définition générale de la médiation doit prendre en compte qu'il y a quatre sortes de médiation, les deux premières étant destinées à faire naître ou renaître un lien, les deux autres étant destinées à parer à un conflit » (p. 164). Selon J.-F. Six, il y a la « médiation créatrice » qui a pour but de susciter entre des personnes ou des groupes des liens nouveaux ; la « médiation rénovatrice » qui réactive des liens distendus ; la « médiation préventive » pour éviter l'éclatement d'un conflit et la « médiation curative » pour aider les parties en conflit à en trouver la solution. On peut donc ramener à deux les grandes formes de la médiation : les

médiations en dehors de tout conflit et les médiations conflictuelles (les médiations de différences et les médiations de différends). Cette classification ne doit cependant pas masquer l'unité fondamentale de la médiation.

A) *La médiation de différences.* – La différence est à la base de toute construction sociale. Le lien social ne se fabrique jamais d'une manière binaire, immédiatement ; il passe par la médiation d'un élément tiers, objet, être et par le médiateur par excellence, le langage. Ces médiations se produisent quotidiennement, le plus souvent sans qu'on s'en aperçoive. C'est quand elles ne se produisent plus qu'on a l'intuition de leur existence. La médiation s'appréhende plus par son manque que par son bon fonctionnement, ce qui explique que la médiation de conflit, plus spectaculaire, ait masqué la médiation de droit commun. En dehors de tout conflit, la médiation peut créer des liens jusqu'alors inexistants, ou restaurer des liens distendus sans heurts : l'une est créatrice, l'autre restauratrice. L'une construit le tissu social, l'autre en comble les déficits. La médiation créatrice requiert une vigilance toute particulière car, dans un premier temps, le manque de relation est moins criant que le conflit. La médiation de différences est une médiation entre les indifférences. Elle demande une action anticipatrice, soutenue, quotidienne et souvent discrète.

B) *La médiation de différends.* – Dans le domaine des conflits, on distingue selon que la médiation intervient dans le but de prévenir un conflit que le médiateur, intuitif, aura détecté à temps, ou selon qu'elle est seulement curative. Par un travail sur les mots qu'utilisent les médieurs (c'est le terme qui s'est imposé plutôt que celui de médiés utilisé dans les temps pionniers et qui ne reflétait pas le rôle actif des partenaires du conflit, ou celui de médiacteur sans doute préférable mais apparu trop tardivement), par une écoute vraie, le médiateur va les aider à formuler leurs demandes en termes clairs, personnels et fidèles, leurs griefs, leurs valeurs communes ou divergentes, leurs histoires. Par une question pertinente, au bon moment, une maïeutique qui demande une grande puissance personnelle en même temps qu'un relatif effacement, il va les acheminer vers leur solution. Il s'agit là d'un aspect important de la médiation, sous-employé. « On a encore trop souvent tendance à faire appel à des médiateurs quand tout va mal. Ne sauraient-ils, à l'avenir, jouer efficacement le même rôle en amont du conflit ? Ils ne seraient plus l'ultime recours pour le résoudre, mais ceux qui expliquent les motivations et les raisons des positions défendues. Telle est l'attente de tous ceux et celles qui se forment à ce rôle de médiation. »[1]

Quand la médiation intervient après l'éclatement du conflit, c'est la médiation réparatrice, la plus connue. Il existe plusieurs raisons de recourir à la médiation réparatrice. La première peut être que ce conflit ne relève pas de la justice. En effet, il existe des conflits qui sont justiciables et d'autres qui ne le sont pas, car ils ne reposent pas sur des éléments juridiques. La dimension psychologique ou politique l'emporte, on ne peut faire trancher le litige en droit, il faut une autre formule.

La seconde concerne le cas où il s'agit bien d'un conflit qui relèverait de la justice mais la médiation lui sera préférée. On la supposera plus rapide, moins coûteuse, moins traumatisante, plus apte à dégager une solution durable.

Quoi qu'il en soit, la médiation réparatrice n'est qu'une variété de médiation.

C) *Un cas extrême de médiation, la médiation d'urgence dont le départ bouscule le cadre strictement volontariste de la médiation habituelle.* – Le médiateur force le passage, il suscite la médiation quand les partenaires sont en danger et si bloqués qu'ils ne peuvent la demander. Bien sûr le médiateur ne s'imposera pas par la force mais par la conviction. Il agira comme une force de proposition active. L'adhésion ultérieure des médieurs replacera la médiation dans son cadre volontariste habituel.

1. C. Varin, *Cahiers,* n° 57, p. 19.

2. **Définition globale.** – Globalement la médiation se définit avant tout comme un processus de communication éthique reposant sur la responsabilité et l'autonomie des participants, dans lequel un tiers – impartial, indépendant, sans pouvoir décisionnel ou consultatif, avec la seule autorité que lui reconnaissent les médieurs – favorise par des entretiens confidentiels l'établissement, le rétablissement du lien social, la prévention ou le règlement de la situation en cause.

La médiation remplit une fonction fondamentale de rétablissement ou d'établissement de la communication. Le conflit ne fait pas partie de la définition globale de la médiation mais la définition globale de la médiation ne lui interdit pas de résoudre les conflits.

La médiation est ternaire dans sa structure et dans son résultat. Sans le troisième élément, la médiation n'existe pas. Le tiers ne doit pas être un trompe-l'œil ou le mandataire d'un des médieurs, car dans ce cas on retomberait dans le binaire. Le troisième n'est pas toujours un tiers.

Cette caractéristique fondamentale la distingue de la négociation et de la conciliation qui peuvent faire l'économie du tiers. Il n'y a jamais de médiations directes, l'étymologie interdit l'éviction de l'intermédiaire. La médiation ne se contente pas d'être ternaire dans sa structure, elle l'est aussi dans ses résultats. Ce qui la distingue radicalement de la justice qui, si elle est comme la médiation ternaire dans sa structure grâce au juge extérieur au conflit et indépendant des parties, est binaire dans son résultat : même si le juge peut rechercher la conciliation jusqu'au dernier moment, la mission de la justice lui fait obligation de trancher : d'un côté le droit, de l'autre la violation du droit. L'étude adoptée par l'assemblée générale du Conseil d'État le 4 février 1993 le réaffirme on ne peut plus nettement en présentant la problématique d'ensemble des nouveaux modes de règlement des conflits et en les opposant au mode classique : « Et ce règlement tranche ordinairement le litige de façon binaire. » En effet quand le juge accueille les prétentions d'une partie, en lui donnant raison, il rejette celles de la partie déboutée. Il peut concilier, il ne peut jamais faire de médiation. Dès lors comment pourrait-il déléguer un pouvoir de médiation qu'il n'a pas ?

3. Les critères de la médiation.

A) *L'intervention d'un tiers tout d'abord.* – Elle sort les médieurs (les partenaires à la médiation) d'un face-à-face réducteur. Ce noyau dur de la médiation la distingue à coup sûr de la négociation ou de la conciliation qui laissent en présence deux parties en conflit chercher une solution avec l'assistance éventuelle d'avocats, d'experts. Le tiers joue un rôle important dans de nombreuses théories, qu'il s'agisse du dépassement du rapport dialectique pour Hegel, de la figure du tiers impartial pour Simmel[1]. Dans la définition de la médiation, il doit cumuler des qualités précises (neutralité, indépendance), ayant pour objectif d'en faire vraiment un tiers mettant en œuvre un processus vraiment ternaire (l'absence de pouvoir institutionnel du tiers). Tout troisième n'est pas tiers. En effet, dans le langage juridique, l'extériorité constitue le signe distinctif du tiers, donc si le troisième entretient un lien juridique, de subordination ou de représentation (c'est le cas de l'avocat), avec un des médieurs, il ne sera pas tiers. Il pourra être conciliateur, puisqu'on peut se concilier à deux, mais pas médiateur.

B) *L'indépendance du tiers ne peut s'apprécier* in abstracto. – Elle s'évalue tant à l'égard des médieurs que de partenaires encombrants, autorités tutélaires publiques ou privées. Il existe trop de médiations dans lesquelles le médiateur n'est que l'émanation d'un des demandeurs de médiation (le représentant de ses intérêts) ou d'une des autorités traditionnellement chargées de trancher les litiges, de manière traditionnelle c'est-à-dire binaire, avec pouvoir. C'est aussi le cas des associations totalement liées au pouvoir judiciaire par des conventions dont le respect conditionne la prise en charge financière de la média-

1. Voir Julien Freund, *Sociologie du conflit,* PUF, 1983.

tion. Lorsque le prétendu médiateur est en réalité un mandataire, on se retrouve dans un système bipolaire de négociation. Les avocats ressentaient parfois ce type de difficultés lorsqu'ils tentaient une médiation familiale. Ils amorçaient plutôt une négociation ou une conciliation qui suspendait provisoirement les hostilités. En cas de reprise de celles-ci, ils redevenaient les représentants des adversaires, ce qu'ils n'avaient jamais cessé d'être, conformément à l'essence même de leur mission et comme leur déontologie leur en fait obligation. Depuis peu, les barreaux ont pris conscience de cela et désormais les avocats interviennent plutôt comme conseils de médieurs. Quand ils interviennent comme médiateurs, c'est dès le départ et sans changement de rôle en cours de médiation.

L'appréciation de l'indépendance du tiers est particulièrement exigeante en matière de médiation. Dans d'autres domaines, on se contente généralement d'une absence de soumission à un pouvoir hiérarchique pour apprécier l'indépendance. L'absence de pression politique, morale ou financière guide aussi l'appréciation de l'indépendance. S'agissant du médiateur il doit aussi veiller à son indépendance fonctionnelle : sa saisine peut-elle dépendre de la volonté d'un pouvoir ? Peut-il accepter de rendre compte à une autorité du déroulement d'une médiation ? Le secret absolu du médiateur est un élément de son indépendance. Le médiateur peut-il accepter qu'une procédure stéréotypée et préétablie lui soit imposée, notamment le respect d'un délai comme pour certains médiateurs en assurance ? Il arrive que la charte des compagnies interdise à ces derniers d'organiser une rencontre des parties en sa présence. Les conditions de rémunération du médiateur non bénévoles constituent le point névralgique de certaines situations à la limite de la médiation. Le bénévolat n'est pas un critère de la médiation, mais les conditions de la rémunération doivent faire l'objet de précautions préservant l'indépendance du médiateur.

C) *Neutralité et impartialité du tiers.* – La neutralité et l'impartialité, qu'on ne saurait assimiler ni à de l'indifférence ni à une totale absence d'affect, requièrent une grande faculté de distanciation du tiers. L'impartialité concerne la relation entre le médiateur et les médieurs, la neutralité concerne l'issue de la médiation. La neutralité correspond au souci de ne pas infléchir, soit au profit d'une mission complémentaire (sécurité, assistance, aide, équité, justice) soit d'un résultat que le médiateur estimerait bénéfique. L'absence d'inflexion corrobore l'autonomie de la médiation et de ses fonctions. L'impartialité diffère de la neutralité. Elle s'analyse en une absence de prévention, de parti pris, soit par antipathie, soit par affinité. Elle est le minimum qu'on puisse exiger d'un médiateur, qui doit éviter le soupçon de partialité. Au regard de ces exigences, on éprouve une certaine gêne devant l'appellation adoptée par des associations d'aide aux victimes et de médiation. Même si les victimes méritent toute forme d'aide, même si dans la pratique certaines de ces associations ne nient pas systématiquement le délinquant et sont réellement impartiales, leur appellation en les constituant défenseurs de la victime les disqualifie en tant que tiers. Dans un autre domaine, les médiateurs internes n'ont pas toujours une bonne image de marque auprès des assurés, qui les ressentent comme une émanation du service qualité ou du service clientèle, quand ce n'est pas du service contentieux de la maison.

La faculté de distanciation nécessite de la part du médiateur une profonde lucidité. Il doit se demander si un des éléments de la situation dans laquelle il intervient n'éveille pas en lui des résonances insoupçonnées, qui le conduisent à s'identifier à un des médieurs, ou à le rejeter et donc à n'être plus tiers. Si le tiers est pour un des partenaires il n'y a plus de tiers, mais un renforcement insidieux d'un des pôles de la situation, il y a assistance et non médiation. Beaucoup de médiateurs gravitant autour de la justice font en réalité œuvre d'assistance sociale, se plaçant dans un système là encore binaire. Des assistantes sociales ou des enquêteurs sociaux réapparaissent avec une casquette de médiateurs. Ils fournissent de gros bataillons de services de médiation pénale. Leur qualité de médiateur dépendra de leur formation spécifique à la médiation et de leur capacité à changer d'image auprès de leurs interlocuteurs habituels.

D) *L'absence de pouvoir institutionnel du tiers.* – Ce critère suscite incompréhensions et contestations. Nos sociétés ont du mal à concevoir la puissance créatrice de l'absence de pouvoir. Les objections reposant sur les contre-exemples de médiateurs dotés de pouvoir décisionnel ou consultatif, bien qu'infondées – revanche perverse de la contrefaçon sur la référence –, lestent gravement la réflexion. Plus fondée est l'objection qui consiste à dire que le médiateur a certains pouvoirs, celui d'accepter la médiation, de la refuser, d'en poser le cadre et de la quitter. À ces affirmations incontestables on répondra par une précision : ses seuls pouvoirs portent sur l'existence de la médiation et sont des éléments de l'autonomie de la volonté que la médiation met en œuvre. Partenaire à égalité, il exerce la sienne, mais à tout moment les médieurs peuvent faire de même. Sa faiblesse constitue la principale garantie du processus de médiation. Le médiateur n'a d'autre ressource que l'autorité que lui reconnaissent les demandeurs de médiation, en s'adressant à lui, sans la contrainte d'une quelconque institution. L'absence de pouvoir et le libre choix induisent chez les médieurs une attitude active, constructive, facilitant l'émergence d'une solution qu'il leur appartient de trouver en toute autonomie. Le médiateur n'a pas de pouvoir, mais une fonction de garant éthique de la réalité de la communication. La médiation se distingue du jugement et de l'arbitrage. Le juge ou l'arbitre sont des tiers, indépendants des parties, mais ils reçoivent institutionnellement le pouvoir de trancher. Pas le médiateur, ce qui préserve intégralement la liberté des médieurs. L'absence de pouvoir est un facteur très important, or souvent on pense qu'il suffit de ne pas donner au médiateur le pouvoir de décision pour réaliser cette condition. L'absence de pouvoir s'évalue d'une manière plus subtile, perceptible grâce à des exemples concrets.

La médiation pénale confère au médiateur un pouvoir induit. On voit mal comment on peut parler de médiation à propos des activités de médiation pénale, menées par des magistrats du parquet, même s'ils les pratiquent sans robe et dans un local avenant ; ils conservent la faculté de poursuivre en cas d'échec de la médiation. Quand le refus de la médiation a la réputation (puisque cela s'est produit) de passer pour une circonstance aggravante devant certains tribunaux si l'affaire reprend son cours judiciaire classique, les médieurs ressentent nécessairement le nouvel intervenant comme une autorité. C'est le cas également des médiateurs présentés par le juge : n'ont-ils pas dans l'esprit des médieurs une parcelle de son pouvoir ? L'état d'esprit des destinataires de la médiation s'apprécie à partir de leur degré de culture. Pour les milieux peu informés des arcanes judiciaires, le mode de présentation (la saisine, quand ce n'est pas la convocation), le local (un espace judiciaire déconcentré) peuvent induire un maintien dans une passivité prudente et habituelle. Dans le même ordre d'idée, la médiation-réparation est une technique qui ne perdrait rien à utiliser un terme correspondant mieux à ce qu'elle est, c'est-à-dire de la conciliation pénale ou (pour la situer comme une troisième voie entre le classement sans suite pur et simple, qui aboutit à l'impunité et les poursuites pénales classiques qui semblent parfois d'une lourdeur disproportionnée) comme un classement sous condition de faire, ici sous condition de conciliation[1].

Voilà pour s'en tenir à l'essentiel ce qui caractérise la médiation. Il s'agit d'un concept précis, une manière d'être en société suffisamment originale pour ne pas se faire phagocyter par des techniques qui n'ont avec elle rien de commun et ne peuvent se prévaloir d'une définition aussi claire.

1. Voir Michèle Guillaume-Hofnung, La médiation, une justice du pauvre ?, *Le Quotidien juridique,* décembre 1997.

4. **L'autonomie conceptuelle de la médiation.** – La médiation n'a besoin que du tiers et de son processus propre, fondements de son autonomie conceptuelle. La médiation n'est pas une sous-catégorie ni même un adjuvant de certaines techniques de résolution non juridictionnelle des conflits. Elle n'est pas non plus une province de la justice.

La médiation est un des concepts majeurs de la philosophie, contrairement à la conciliation ou à la négociation, simples notions. La définition de la médiation y est positive ; elle sert à la construction, au dépassement. Sa définition se passe d'une référence au conflit ou à la juridiction.

Actuellement, on considère trop souvent la médiation comme un moyen au service d'autres modes de règlement des conflits. Ainsi la médiation serait « le moyen qui doit conduire à un règlement du conflit par une entente entre les parties c'est-à-dire une conciliation »[1].

Il faut donc prioritairement la distinguer de termes souvent présentés comme synonymes. Elle n'est ni une négociation, ni un arbitrage, ni intervention d'autorité, ni une conciliation, ni une assistance à des individus en conflit, ni une transaction. Elle ne se réduit pas à la simple résolution des conflits[2].

Dans cette approche, il faut garder à l'esprit que tout troisième n'est pas un tiers et la présence d'un tiers n'est pas à lui seul constitutif de médiation. H. Touzard ne le méconnaît pas : « L'intervention d'une tierce partie, neutre dans le déroulement d'une négociation répond habituellement à trois termes : la conciliation, la médiation et l'arbitrage. »[3]

A) *Autonomie par rapport à la conciliation.* – La conciliation fait partie de la mission du juge judiciaire et admi-

1. Jean Vincent, Serge Guinchard, Gabriel Montagnier, André Varinard, *La justice et ses institutions,* Dalloz, 1991.

2. Sur ces points fondamentaux, voir la mise au point de Jean-François Six, *op. cit.,* p. 144 et s.

3. Hubert Touzard, *La médiation et la résolution des conflits,* PUF, 1977, p. 154.

nistratif, ce qui lui donne un champ moins vaste que la médiation puisque la mission juridictionnelle requiert l'existence d'un litige.

a) Éléments de distinction. – La conciliation est liée à l'existence d'un conflit, pas la médiation. La médiation peut exister en dehors des prétoires et de tout contentieux. Seule la médiation curative nécessite un conflit pour exister. Le terme conciliation désigne aussi bien le moyen que le résultat, l'accord amiable, indice de l'emprise que la recherche de l'accord exerce sur le mode opératoire, et qui explique que l'article 7 du décret 78-382 de 1978 et le décret 96652 du 22 juillet 1996 confèrent au conciliateur le pouvoir de se rendre sur les lieux entendre toute personne dont l'audition lui paraît utile. Même s'il doit obtenir l'accord des parties, cette possibilité de mettre en doute l'exactitude des points de vue exprimés par elles introduit de la « verticalité » dans la relation avec le conciliateur, à la différence de l'horizontalité qui caractérise l'intervention du médiateur[1].

Mais c'est le caractère facultatif du tiers qui distingue le plus sûrement la conciliation de la médiation, comme le démontre cette définition la conciliation : « est un accord direct des parties pour mettre fin à leur litige. Elle peut être réalisée par les deux parties à un litige se réunissant entre elles sans la présence d'une tierce personne. Le plus souvent la conciliation se pratique avec l'aide d'un tiers nommé le conciliateur dont le seul rôle est de les faire se rencontrer. »[2]

Une autre différence non négligeable : à la différence de la médiation la conciliation peut être imposée par une autorité publique, par exemple dans la procédure de divorce.

b) Application. – La conciliation, parce qu'elle pourrait se passer du tiers qui ne fait pas partie de sa définition, exige moins du tiers alors que la médiation ne supporte aucun laxisme quant à son statut.

1. F. Ben-Mrad, Conciliation civile et médiation sociale, *Bulletin de la médation et des boutiques du droit,* n° 28, 1997, p. 2.

2. Michèle-Laure Rassat, *Institutions judiciaires,* PUF, 1993, p. 294 ; voir aussi *La justice et ses institutions, op. cit.*

Ainsi le terme conciliation doit être préféré à celui de médiation chaque fois que le tiers ne remplit pas toutes les conditions que doit absolument remplir le tiers dans le cadre de la médiation, et dans tous les cas où son statut ne lui assure pas une totale liberté créatrice. La plupart des médiateurs en assurance, qui doivent respecter une procédure stéréotypée qui souvent exclut leur rencontre avec les parties et qui borne leur activité par des limitations de saisine et de délais, sont donc des conciliateurs.

B) *Autonomie par rapport à la transaction.* – On confond parfois la transaction avec la médiation à cause du compromis et de sa nature contractuelle. C'est un contrat spécial. L'article 2044 du Code civil la définit comme « la convention par laquelle les parties, au moyen de concessions réciproques, terminent une contestation née ou préviennent une contestation à naître ». Elle fait partie des contrats synallagmatiques : la réciprocité des concessions la distingue du désistement, de caractère nécessairement unilatéral.

On ne peut l'envisager que quand deux personnes peuvent chacune faire valoir des prétentions à l'égard d'une autre. L'abandon mutuel, écrit, d'une partie des prétentions prévient ou éteint le litige. À la différence de la médiation la transaction a toujours un objet pécuniaire. Mais la différence la plus notable réside dans l'autorité de chose jugée que lui confère l'article 2052 C. civ. La transaction règle définitivement le litige qui ne peut plus être soumis devant un tribunal. Elle existe aussi en droit pénal.

C) *Autonomie par rapport à l'arbitrage.* – L'arbitrage est un mode juridictionnel non étatique. Il n'est pas extra-juridictionnel, à la différence des modes alternatifs de règlement des litiges auxquels on l'associe souvent. C'est une procédure par laquelle les parties à un litige conviennent de le porter devant un arbitre dont ils acceptent par avance de respecter la sentence. Il s'agit d'une dérogation partielle au monopole de la justice d'État, d'une juridiction à base conventionnelle, composée de personnes privées choisies par les parties. L'arbitrage débouche sur une sentence arbitrale, véritable jugement, qui a valeur juridictionnelle : il ne s'agit pas d'un simple avis. La sentence arbitrale n'a cependant pas par elle-même de force exécutoire. Son respect dépendrait de la volonté des parties, s'il n'était possible de lui conférer cette force contraignante par la procédure d'exequatur devant le président du tribunal de grande instance.

Les catégories d'arbitrage sont diverses. Ainsi, le degré de liberté des parties varie quant au recours à l'arbitrage, au choix de l'arbitre et à l'étendue de ses pouvoirs. Entre l'arbitrage de nature contractuelle faisant une large place à la volonté des parties à l'arbitrage et l'arbitrage obligatoire dans la plupart de ses étapes, il existe une large gamme de procédure. Si, en règle générale, les arbitres sont liés par les règles de droit, ils peuvent tenir compte de l'équité quand les parties leur ont confié la mission de statuer en amiables compositeurs.

L'arbitrage ne devrait pas à première vue risquer la confusion avec la médiation puisqu'il confère à l'arbitre le pouvoir de trancher[1]. Pourtant, dans la dérive terminologique qui fait appeler médiateurs des experts, il arrive que les deux parties s'en remettent d'avance à l'avis du médiateur, coinçant ce dernier dans un rôle d'arbitre. Cela n'a pourtant rien d'étonnant. Comment des parties qui se voient proposer l'intervention d'un médiateur qu'on leur interdit de rencontrer (les procédures se font sur dossier), qui leur est présenté comme un spécialiste reconnu dans le domaine, qui va examiner le dossier sous un angle juridique, éventuellement tempéré d'une dose d'équité, n'auraient-elles pas tendance à le traiter en arbitre, dès lors qu'elles lui font confiance ?

D) *Autonomie par rapport à la négociation.* – La médiation ne se réduit pas à une négociation stimulée par un tiers. Elle s'en distingue par deux critères. La négociation

1. C. Jarosson, *La notion d'arbitrage,* LGDJ, n°s 315 et s. ; B. Oppetit, Arbitrage, médiation et conciliation, revue *Arbitrage,* 1984, n°s 307 et s.

n'est pas nécessairement ternaire dans sa structure puisqu'on peut négocier en direct à deux. Le tiers n'est pas indispensable, chacun peut négocier pour son compte. La définition que H. Touzard donne de la médiation mentionne bien le tiers mais lui attribue un rôle trop faible d'adjuvant, ce qui le conduit à intégrer la médiation dans la négociation : « Il s'agit d'une négociation entre parties adverses en présence d'une tierce partie neutre dont le rôle est de faciliter la recherche d'une solution au conflit. »[1] La négociation est l'art du compromis équilibré, alors que la médiation est le dépassement vers une position nouvelle commune, même si dans la médiation, comme dans la négociation, chacun peut faire des concessions pour aboutir à un compromis. Il y a discussion en vue de se rapprocher. Mais le but de la médiation n'est pas nécessairement d'arriver à une solution médiane.

L'arrêt de la cour d'appel de Versailles Syndis et autres c/ Sacem (10 novembre 1988) accumule les confusions. Après un départ mentionnant la mission de conciliation qui entre dans la mission du juge, elle préfère à une mesure d'instruction « une négociation conduite sous la médiation d'un expert », qu'elle désigne.

E) *Autonomie par rapport au conflit.* – L'assimilation de la médiation à une simple technique de règlement non juridictionnel des conflits est la confusion majeure, la plus attentatoire à l'autonomie de la médiation et la plus réductrice de sa nature. Elle est fréquente. Ainsi, dans l'ouvrage de Touzard précité, la référence au conflit apparaît constamment. E. Leroy « entend par médiation, toutes les formes de règlement négocié des conflits par l'intermédiaire d'une tierce personne n'intervenant pas en qualité de juge »[2]. Pour F. Delpérée « elle suppose, d'abord l'existence d'une situation conflictuelle »[3]. Une

1. Hubert Touzard, *La médiation et la résolution des conflits,* PUF, 1977, p. 87.
2. *Annales de Vaucresson,* 2, 1988, p. 63.
3. F. Delpérée, Administration et médiation, in *Administration publique,* 1986.

prise de conscience encourageante se perçoit dans l'ouvrage collectif *Art et techniques de la médiation*[1] qui consacre des développements à « la médiation hors conflit ». Il existe des raisons supplémentaires de rappeler l'autonomie de la médiation par rapport au conflit. La première tient à la difficulté de définir le conflit, reconnue par H. Touzard lui-même[2]. Difficulté corroborée par A. Touraine dans l'article conflits sociaux à l'*Encyclopaedia Universalis* : « On ne peut considérer dès le départ que l'analyse des conflits est établie sur des bases solides, que son objet existe de manière évidente. » La deuxième tient à la suspicion de totalitarisme des tentatives systématiques de suppression des conflits.

Les définitions les plus récentes de la médiation prennent leur distance avec le conflit, qu'elles relèguent en fin d'énumération pour signifier que le règlement des conflits ne constitue pas sa fonction première. La définition des experts européens réunis à l'occasion du séminaire de Créteil et celle du Conseil national consultatif de la médiation familiale adoptent délibérément cette option.

II. – La nature de la médiation

1. Les indices.

A) *L'origine de la médiation.* – Sous sa forme contemporaine, la médiation est une innovation sociale surgie de la base. Son initiative revient soit à des citoyens agissant individuellement ou en associations, soit à des professionnels : magistrats, avocats, psychologues, travailleurs sociaux, fonctionnaires, maires qui ressentent spontanément le besoin de mieux faire.

B) *Le processus de médiation.* – La médiation repose sur un processus propre.

a) Généralités. – L'absence de pouvoirs impose une méthode très précise, et interdit de trancher ou

1. *Op. cit.*, p. 12.
2. *Ibid.*

d'influencer selon un système binaire. Les deux grandes sortes de médiation requièrent la même méthode exigeante, respectueuse de la complexité des situations humaines comme de la liberté des partenaires. La médiation se fait en respectant un processus et non une procédure. Le passage du deux au trois est l'autre caractéristique qui marque le plus le processus de la médiation. Il va imposer de se démarquer de la représentation, la prise de partie, l'identification, l'assistanat. La nécessité de la réalité du tiers explique donc les autres éléments du processus.

Le processus repose sur l'autonomie de la volonté des personnes concernées, y compris le médiateur, et sur leur responsabilité.

Pour cette raison il faudrait prêter une plus grande attention à l'élément intentionnel de la médiation, au lieu de se contenter d'une intention indifférenciée de se tourner vers un MARC quel qu'il soit. L'*animus* devrait être clairement identifié : l'*animus* de médiation ne se confond pas avec celui de conciliation ou de transaction ou de négociation.

La terminologie utilisée dans le processus de médiation révèle tout un état d'esprit. On ne parle pas de parties, même dans l'hypothèse d'une médiation de conflits, car la notion de « partie » appartient à une pensée binaire. Elle opère une partition entre des éléments en situation complexe ; en particulier elle occulte le fait que les deux éléments sont aussi les partenaires de ce conflit, qu'ils l'ont forgé et qu'ils ont ce conflit en commun (parfois le seul lien qui subsiste). La médiation essaie de sortir du schéma binaire victime-agresseur. Le terme de base est celui de médieurs (plutôt que celui de médiants qui aurait l'avantage d'insister sur leur rôle actif mais qui désignait autrefois le médiateur ecclésiastique).

b) Les étapes du processus. – Le déclenchement de la médiation et le pacte de médiation : il faut préférer les termes de déclenchement ou de demande à celui de saisine du médiateur qui ne convient qu'à la médiation entre des parties à un conflit et qui induirait une conception réduisant la médiation à un mode non juridictionnel des conflits, modes restant très imprégnés par le langage et la mentalité juridictionnels. Plusieurs cas peuvent se présenter. La médiation peut être demandée soit par un seul protagoniste soit par les deux. Dans les deux cas le médiateur doit se faire expliquer soigneusement la situation, faire préciser les attentes, expliquer à son tour en quoi consiste la médiation. Il ne doit jamais oublier cette mise au point sur sa fonction sous peine de malentendu. L'un ou l'autre ou les deux peuvent en effet souhaiter le piéger, lui faire jouer un rôle d'arbitre, de juge ou d'expert, de thérapeute, de conseiller juridique ou conjugal. Le médiateur doit éviter la dérive de la demande.

Dans les deux cas de demande, il doit aussi se demander s'il accepte d'être médiateur dans l'affaire présente. La possibilité de refuser une médiation constitue une caractéristique intéressante qui le distingue du juge par exemple. C'est une étape préliminaire décisive. À ce stade du processus le médiateur doit faire preuve de discernement, il doit s'interroger sur lui et sur les demandeurs de médiation. Il doit évaluer ses dispositions psychologiques, ses tensions personnelles. S'il ne se sent pas suffisamment apte, il doit refuser. Il peut se sentir trop concerné et donc suspect de partialité, ou incompétent techniquement quand la médiation demande des connaissances particulières. Dans ce dernier cas il peut s'adjoindre un spécialiste et faire une comédiation mais il doit veiller à ne pas perdre sa liberté face à un détenteur de savoir qui se comporterait en expert abusif. Il peut aussi penser que la demande de médiation est trouble et peut conduire à faire accepter insidieusement par un des médieurs une renonciation à ses droits.

Si le médiateur a été demandé par une seule personne, il peut entrer en contact avec la deuxième, lui faire part de la démarche du demandeur, présenter le processus de médiation, tenter de le convaincre de l'intérêt d'un tel procédé. Il ne peut contraindre personne, la médiation ne peut jamais être imposée. Elle n'est pas une convocation d'autorité, elle n'est pas le résultat d'une clause compromissoire par laquelle les parties à une convention s'engagent par avance à accepter un arbitrage. Les praticiens agissant en liaison d'autorité utilisent pourtant le terme convocation en médiation pénale ! La médiation est un procédé qui repose entièrement sur l'autonomie des participants. Toute contrainte de départ fausse la nature et parasite le résultat du processus.

Cela n'interdit pas au médiateur de prendre des initiatives, de convaincre les partenaires de la nécessité d'une médiation. Dans la médiation d'urgence, c'est même un devoir. Le médiateur crée la dynamique, agit sur la demande de médiation. Il n'attend pas passivement qu'on s'adresse à lui, il est une force active de proposition et de conviction.

Le pacte de médiation imprime d'une manière décisive un style de relation entre les partenaires dont le médiateur fait partie. La participation du médiateur au pacte en scelle le caractère ternaire. Il sort les participants d'une logique de guichet où les médiés viendraient demander une intervention consentie d'avance du fait de la présence du médiateur derrière le guichet.

Une fois le principe de la médiation accepté, le médiateur doit élaborer sa stratégie au cas par cas. Il s'interroge par exemple sur la nécessité de voir les personnes concernées ensemble ou séparément. S'il préfère les voir séparément, dans quel ordre va-t-il opérer ? Va-t-il recevoir ou aller voir les partenaires ? Il peut commencer par des entretiens séparés puis organiser la réunion, ou l'inverse, dans l'ordre qui lui paraîtra convenir à l'espèce. Il n'y a jamais de recette.

Il doit, quand il détient un nombre suffisant d'informations, se poser la question des causes du conflit ou de la situation. Au-delà des causes exprimées officiellement, il en existe souvent d'autres, profondes, c'est-à-dire à la fois décisives et enfouies. Il doit faire preuve d'une grande qualité d'écoute, ce qui requiert attention et distanciation. Il doit repérer les mots importants, les traduire explicitement car à la base des malentendus, il y a les mal-dits, les imprécisions de langage par manque de vocabulaire ou par peur. Les médiateurs tireraient parti des éclairages de Bourdieu[1].

À ce stade, le processus de la médiation rejoint celui de la maïeutique. Le médiateur doit amener les interlocuteurs à découvrir la part de vérité, comme la part d'erreur, ainsi que les éléments de solution qu'ils portent en eux sans toujours le savoir ou sans pouvoir le dire. Souvent aussi d'importants déplacements se produisent, le conflit, ou le nœud de la situation, n'était pas là où on le situait au départ. Sans ce travail il aurait été impossible à résoudre puisque masqué par une mauvaise présentation. L'identification du nœud central donne du jeu au médiateur en vue de l'acheminement vers une solution car il modifie l'attitude des partenaires. Ils se découvrent, ils ont déjà bougé.

Le travail sur les mots est un élément fondamental. Il assure une communication réelle et non un entrecroisement d'affirmations qui utilisent les mêmes termes dans des acceptions souvent incompatibles. Si le médiateur joue bien son rôle les médieurs s'apercevront qu'ils ne mettent pas la même signification dans le mot qui cristallise l'incompréhension (honneur, justice tout particulièrement).

Le médiateur doit profiter de ce moment favorable pour les engager à trouver une solution, à dépasser le blocage et sortir de la situation par le haut. Il ne doit pas imposer la sienne. Il contribue à l'émergence d'une solution autonome. Cela n'en fait pas un intermédiaire mou et transparent, mais cela lui interdit de se substituer aux autres. Il doit stimuler leur créativité, il doit donc en avoir lui-même. Parfois il doit rappeler les médieurs à la réalité matérielle ou juridique, il doit avoir les pieds sur terre.

Le médiateur contribue à la rédaction d'un document consignant les engagements réciproques des médieurs ou des conclusions si la simple consignation de celles-ci suffit.

1. Pierre Bourdieu, *Ce que parler veut dire*, Fayard, 1982.

Chaque médiation est unique et incompatible avec une procédure stéréotypée, ou une limite temporelle imposée par une autorité ou un protocole.

2. **Hypothèse sur la nature de la médiation : entre acte et action.** – La synthèse des indices présentés conduit à l'hypothèse de la nature conventionnelle de la médiation, question à ne pas confondre avec celle de ses fonctions. Plusieurs raisons supplémentaires le confirment, qu'on la prenne comme une activité ou comme un acte juridique.

La médiation est une prestation. Or dans notre société il y a deux manières d'accéder à une prestation, le contrat ou le service public. Le service public qu'il soit industriel, commercial ou administratif n'existe pas sans un lien minimum avec les autorités publiques. Or la médiation pour exister n'a pas besoin de l'initiative d'une autorité publique, elle vient essentiellement de la société civile.

La médiation et le contrat sont des actes qui requièrent la rencontre de deux volontés, l'offre et la demande. Le processus de médiation repose sur l'autonomie de la volonté des partenaires qui s'y engagent. L'existence des médiateurs constitue l'équivalent d'une offre (offre bénévole, libérale, de mise à disposition d'un art dans le cadre d'un emploi, offre professionnelle, occasionnelle, exceptionnelle, permanente). Dans les cas les plus fréquents, les demandeurs de médiation se présentent volontairement, pour se faire expliquer ce qu'est la médiation, puis se décident à demander l'intervention du médiateur, ce qui constitue le deuxième élément du processus consensuel. Le médiateur s'interroge lui-même à chaque fois sur son acceptation ou son refus.

La nature contractuelle correspond bien au dynamisme de la médiation, à son caractère innovant. De plus le contrat offre à la médiation un cadre juridique cohérent à tous les niveaux nécessaires.

– Dans les relations médiateur-médieurs. Le consensualisme, clef de voûte du droit des contrats, assure l'effectivité de la médiation en garantissant l'autonomie des médieurs et du médiateur. Sans son respect il n'y a ni contrat, ni possibilité psychologique de médiation. Toute altération de ce que le juriste appelle l'animus (ici la volonté claire de médier) entraîne la nullité du contrat et l'impossibilité personnelle de médier. Cela disqualifie la plupart des médiations pénales. Où est l'animus quand le délinquant a le choix entre la poursuite pénale et la médiation et quand la victime a le choix entre le classement sans suite et la médiation ? Il y a place pour une conciliation réaliste, mais pas pour une médiation.

– Dans les relations entre les médieurs, tant pour recourir à la médiation que pour former et entériner son résultat.

– Dans l'encadrement général de l'activité de médiation. Le contrat d'association entre les médiateurs qui souscrivent à la même déontologie permet d'ériger un ensemble institutionnel complet (adhésion, formation, disposition de locaux, discipline, réflexion sur la pratique et le concept).

La nature contractuelle de la médiation ne la dénature pas puisqu'elle la laisse dans son milieu d'origine, la société civile, tout en donnant des garanties déontologiques. De plus l'article 1108 du Code civil qui pose les quatre conditions de validité des contrats soumet dès le départ la médiation au respect du droit.

L'expression médiation conventionnelle qui se propage ne va pas sans nécessiter une clarification. À l'origine, elle lui permettait de se distinguer de la médiation institutionnelle, instituée par les administrations essentiellement. Aujourd'hui, elle ne se réfère plus uniquement à ce qui précède, elle désigne le plus souvent une clause de médiation, appelée de ce fait conventionnelle, car prévue dans un contrat, mais diligentée selon des protocoles très institutionnels, par les associations de consommateurs partenaires du médiateur du contractant, entreprise privée ou publique et devient dès lors une sorte de médiation institutionnelle (cf. *supra,* première partie, chap. III, V). Dans les détails elle met en réalité en place un mécanisme de conciliation, qui ne permet pas de mettre en œuvre une intention de médiation. Les médiés déposent une réclamation qu'un mandataire présenté comme médiateur traite en droit et parfois en équité[1].

Nature de la médiation d'urgence : comment intégrer les cas où le médiateur intervient de sa propre initiative ? Dans un premier temps, elle s'analyse en une action au sens commun du terme.

Le recours à la notion de quasi-contrat, définie aux articles 1370 et 1371 du Code civil, peut servir de guide pour une analyse plus poussée.

La gestion d'affaires est de tous les quasi-contrats celui qui correspond le mieux à la médiation d'urgence. L'article 1372 la prévoit : « Lorsque volontairement on gère l'affaire d'autrui. » Il n'est bien sûr pas question d'assimiler purement et simplement la médiation d'urgence à la gestion d'affaire, ne serait-ce que parce que le médiateur ne gère pas un bien matériel en danger, mais il reste intéressant de noter que le Code civil dès 1804 n'excluait pas ce genre de situation. De plus, la référence au quasi-contrat ne concerne que la phase d'impulsion de la médiation d'urgence. Car bien entendu, le processus de médiation ne s'enclenchera véritablement que lorsque les médieurs y adhéreront. On se retrouvera alors dans le cadre du contrat.

Il reste une question : la médiation peut-elle faire l'objet d'un service public ? La prestation serait-elle la même ? Le service public prestataire pourrait à la rigueur être tiers par rapport à un conflit, mais pourrait-il gommer son pouvoir ? Les médieurs ne se mettraient-ils pas dans une situation de dépendance ? Toutes questions d'importance qui doivent inciter les pouvoirs publics à une réflexion profonde avant toute initiative.

1. Michèle Guillaume-Hofnung, in *Le rôle de la volonté dans la médiation. Études à la mémoire du Pr Rieg,* Bruylant, 2000.

Chapitre II

LES RÉFÉRENCES DE LA MÉDIATION

Comme toute activité humaine, la médiation se réfère à un système de valeurs. Ses références sont multiples (philosophiques, morales, politiques) mais cohérentes.

I. – Philosophie de la médiation

La médiation se réfère à une philosophie de la connaissance. Le dépassement grâce au passage au ternaire est à la base du concept philosophique de médiation. Une philosophie de la complexité des phénomènes humains engendre une certaine philosophie de leur mode de connaissance.

1. **Le sens de la complexité.** – La psychologie, la psychanalyse, la sociologie de l'histoire permettent de mesurer la complexité des comportements humains. Les situations ne se comprennent qu'en les replaçant dans un ensemble complexe. Le sens de la complexité permet d'abord de comprendre que l'attitude des médieurs peut résulter de composantes qui leur échappent et dont la connaissance n'apparaît pas toujours au premier abord. Il permet de saisir que des tensions personnelles proviennent de multi-appartenances, de contre-emplois, de conflits internes entre des rôles contradictoires tenus par les partenaires[1]. Il permet surtout de prendre ses distances avec la situation actuelle, en la situant dans une perspective complexe, pour mieux la maîtriser. C'est souvent parce que les partenaires s'arc-boutent sur un seul élément, en se masquant les autres, que la situation devient

1. Nathalie Zaltzman, *La résistance de l'humain,* PUF, 1999.

inextricable. Le sens du complexe donne du jeu, il permet de dénouer. Le sens de la complexité permet d'échapper au manichéisme, binaire entre tous, et d'éviter la régression de la compréhension[1].

2. **La supériorité de la réflexion ternaire.** – La réflexion ternaire est scientifiquement plus féconde que la pensée binaire et présente des aspects moraux.

A) *Les faiblesses scientifiques de la pensée binaire.* – La pensée binaire enferme dans une alternative limitée le vrai, le faux, le bien, le mal. Elle bride *a priori* les possibilités de l'imagination d'un ailleurs, en dehors du 1 ou du 2. Elle trouve son expression dans le principe de logique traditionnelle, le principe du tiers exclu, encore appelé principe du milieu exclu. La méthode thèse-antithèse-synthèse a permis de sortir de l'enfermement.

Dans cette perspective, la médiation est un des concepts majeurs de la philosophie. Elle figure dans tous les dictionnaires de philosophie comme un concept autonome. Ce n'est pas le cas des termes conflits, négociation, conciliation, qui n'y figurent même pas.

La philosophie de Hegel se réfère ouvertement à la médiation. Elle est l'acte de négation et de dépassement à la fois qui établit le lien entre le sujet et l'objet, le temps et l'éternité, le fini et l'infini (*Phénoménologie de l'esprit,* 1807). Dans *La Raison dans l'histoire* (chap. 2, 1), il la situe dans la nature de l'homme : « En tant qu'esprit, l'homme n'est pas immédiat mais essentiellement un être qui retourne à soi. » Ce mouvement de médiation est un moment essentiel de l'Esprit. Son activité consiste à sortir de l'immédiateté, à la nier et à revenir ainsi à soi. Niel résume le rôle de la médiation dans la pensée de Hegel : « Après avoir dans la *Phénoménologie* ouvert la voie à la médiation psychologique en montrant que la prise de conscience du moi comme sujet enveloppe la présence de l'autre, Hegel conçoit la médiation comme la relation idéale reliant entre eux les différents moments d'un tout ;

1. Edgar Morin, *La pensée complexe,* Odile Jacob, 2003.

finalement, il reconnaît en elle l'expression de l'identité entre la logique et l'histoire. »

D'autres penseurs se réfèrent à la médiation. Ainsi, pour Lavelle, « nul ne réalise sa propre vie tout seul, mais seulement par la médiation des autres hommes » (*Dialectique du monde sensible,* 1922). Le Senne y voit le moteur de la pensée conceptuelle (*Obstacle et valeur,* 1934).

Pourtant, sous la double pression du totalitarisme et du langage informatique, la pensée binaire née en Grèce avec Platon revient en force. Dans *Les Mystères de la Trinité* (Gallimard, 1991), D. Robert-Dufour retrace l'itinéraire et expose les dangers de la « domination absolue du binaire ». La réaction est « une question d'urgence » (p. 9).

B) *La pensée ternaire humanise l'homme.* – Pour P. Ricœur, l'éthique est en soi ternaire. Le triangle de base de l'éthique est formé par l'estime de soi, la sollicitude pour autrui, les institutions justes. La supériorité d'une réflexion ternaire par rapport à une pensée binaire est qu'elle humanise l'homme. On en perçoit les effets au XIIe siècle avec l'apparition du purgatoire qui permet à l'humanité d'imaginer un moyen terme entre l'enfer et le paradis. La notion d'intermédiaire a été capitale, elle a en particulier permis une humanisation de la justice[1]. De plus, la pensée ternaire permet d'accepter l'autre et la différence en général. « La victoire automatique de la pensée binaire » (Robert-Dufour, *op. cit.,* p. 462) ferait perdre ces acquis.

II. – Les références morales de la médiation

Une philosophie de la connaissance introduisant le ternaire avait des conséquences éthiques en soi. Mais, en plus de ce point de départ, il y a une réelle éthique de la médiation. La médiation est passeuse de compréhension. Le médiateur, neutre, n'ajoute rien au message de chaque partenaire, il facilite leur ajustement, permet les déplacements nécessaires à la rencontre.

1. J. Le Goff, revue *Arts,* décembre 1991, p. 12.

1. **L'éthique de la communication.** – Fondamentalement, la communication suppose la reconnaissance de l'autre. L'émission du message n'a de sens que si l'émetteur reconnaît une valeur symétrique au récepteur. La communication est trop souvent une émission unilatérale efficace, qui ne se préoccupe du récepteur-objet que pour s'assurer d'un enregistrement sans déperdition du message émis, elle l'instrumentalise. L'émetteur en communiquant ne cherche qu'à accroître sa puissance. La médiation implique la reconnaissance mutuelle et l'autonomie des partenaires. Le médiateur garantit l'éthique de la communication. Alors qu'on peut imposer un jugement à une personne qui nie toute légitimité au juge, et à travers lui aux victimes que le jugement va reconnaître (c'est la posture de la plupart des criminels contre l'humanité), le processus de médiation requiert la reconnaissance de l'autre. Dans la lutte pour la reconnaissance et l'économie du don (Journée de la philosophie à l'UNESCO, 21 novembre 2002), Ricœur permet de mesurer le potentiel de conflictualité de l'absence de reconnaissance mutuelle.

A) *L'éthique de la discussion.* – Ce fondement de la médiation est beaucoup moins restreint que le conflit en tant que fondement de la médiation. Il peut y avoir médiation sans conflit, par nécessité de dialogue, par humanité. La médiation se réfère donc à Habermas qui fait une large place à l' « éthique de la discussion » et refuse de l'opposer à l'autorité, car la discussion n'affaiblit pas l'autorité, elle peut même la rendre efficace. La discussion repose sur la reconnaissance de la valeur de l'autre, sans nier d'éventuelles oppositions. Elle ne présume pas non plus l'impossibilité d'aboutir à la découverte de valeurs communes que l'absence de dialogue avait enfouies. La formule *on ne peut pas discuter* est une des plus désespérantes et une des plus négatives qui soit. Pour la dépasser, il faut une médiation qui fasse brèche et passerelle.

B) *L'éthique de la délibération et le consentement éclairé.* – Qu'on la prenne au sens psychologique ou éthique, la délibération sera toujours complexe. Qu'elle soit la phase de l'acte volontaire qui met en conflit et en examen les éléments psychiques de la décision, ou la mise en balance de ses éléments éthiques (Aristote, *Éthique à Nicomaque,* livre III, 5), la délibération ne peut se faire que sur la base d'une communication authentique qui requiert une médiation. La médiation peut-elle rendre la délibération moins illusoire que ne le croit Sartre pour qui les jeux sont toujours faits *(L'Être et le Néant)* ? Par essence la médiation permet les déplacements : elle donne du jeu, justement, là où on pourrait croire que les jeux sont faits.

Que ce soit au titre de l'éthique de la communication ou de la délibération, la médiation est appelée à jouer un rôle décisif au cœur de l'éthique biomédicale. À l'échelle individuelle pour permettre le consentement éclairé des patients, à l'échelle internationale pour garantir la communication interculturelle.

Dans un avenir proche, face aux illusions de communication que procurent les médias modernes et aux manipulations qu'ils permettent, se développera un secteur de la médiation qui en fera la garantie de la réalité de l'image ou du message. La garantie ne sera possible que si le médiateur bénéficie d'une extériorité suffisante pour ne pas contribuer à la manipulation. La médiation deviendrait alors un pilier de la démocratie.

2. **La morale postmoderne.** – Les conceptions traditionnelles de la morale aristotélicienne et de la morale kantienne ont subi des défis sans précédent, comme les chocs provoqués par les atrocités des guerres modernes. Il en est sorti une morale postmoderne que Ricœur nomme une « supra-éthique » qui ne renie pas les grandes morales traditionnelles mais les complète par le sens du singulier des situations, la sollicitude, une sagesse pratique. Les termes utilisés par les philosophes contemporains montrent qu'ils souhaitent compléter la morale traditionnelle pour tenir compte de la barbarie moderne. Particulièrement évocateur est le titre choisi par A. Glucksmann, *Le onzième commandement : que rien d'inhumain ne nous soit étranger*. Les termes qui émaillent un numéro de la revue

de *Psychologie de la motivation* témoignent de tentatives semblables : l'art d'aimer, la « bientraitance », l'art de « tricoter du lien » (décembre 2002).

La médiation s'applique à cela au quotidien. Les dangers de l'exclusion réactivent cette morale. René Lenoir en témoignait dans un séminaire à l'Institut de formation à la médiation en juin 1990, les termes de son article dans *Le Monde* « La nation en danger » (9 juillet 1993) le disent aussi clairement[1].

L'éthique de la responsabilité (j'ai à répondre d'autrui) : exposée par R. Simon[2], elle correspond à ce mouvement. Elle fonde aussi la médiation d'urgence. On peut y voir un « devoir d'ingérence » à personnes en danger.

3. **La valeur positive des conflits.** – L'aspect éthique de ce postulat se comprend surtout quand on évalue les conséquences des systèmes qui veulent nier les conflits. La formulation la plus nette revient à H. Arendt : « C'est le propre de la pensée totalitaire de concevoir une fin des conflits. »[3] Mal traité, mal géré, le conflit peut devenir destructeur mais sa survenance résulte de la liberté de l'homme et du caractère imprévisible qu'elle communique à ses actes. Le fusionnel, qu'il soit dans l'amour, la fraternité ou l'harmonie politique, réduit l'homme et ne lui permet pas d'évoluer. Le conflit fait partie du processus de développement[4]. Dans une autre famille de pensée, J. Freund avait mis en lumière la valeur positive des conflits[5]. La médiation s'appauvrirait en s'inscrivant dans une culture de fuite du conflit. Dominique Wolton souligne la fonction heuristique du conflit. « Dans l'ordre sociologique, le changement le plus important serait de réduire la dévalorisation qui entoure la notion de "conflit

1. Voir aussi André Touraine, Face à l'exclusion, *Esprit,* février 1991, p. 7 et s.
2. René Simon, *Éthique de la responsabilité,* Cerf, 1993.
3. Hannah Arendt, *Penser l'événement,* Belin, 1989.
4. Voir André Touraine, *Encyclopædia Universalis,* article Conflits sociaux.
5. Julien Freund, *Sociologie du conflit,* PUF, 1983.

social". On y voit toujours la trace d'un échec, alors qu'il est le moyen de visualiser le heurt de plusieurs représentations. »[1] Mark Hunyadi, lui aussi, met bien en lumière le rôle bénéfique du conflit dans *La vertu du conflit, pour une morale de la médiation* (Cerf, 1995).

Ainsi, si les conflits ne servent pas à définir la médiation, lorsque la médiation sert à les résoudre, elle les perçoit d'une manière propre. Ils font partie de la complexité inhérente aux phénomènes humains, la négation du conflit est la négation de l'humain. On pourrait déceler une certaine peur du conflit dans la recherche d'une justice douce, dans la crainte de la recherche quelquefois artificielle d'une solution acceptée qui ne fera ni gagnant, ni perdant. Cette crainte peut aboutir à faire adhérer le perdant à une défaite que personne ne voudra voir. Dès qu'on ne réfléchit plus sur les conflits uniquement pour les proscrire, certaines finesses apparaissent : les personnes impliquées sont-elles partenaires ou parties ? La complexité des relations de conflits apparaissant permet alors de déjouer certains jeux subtils.

III. – Les références juridiques et politiques de la médiation

1. Les droits et les devoirs de l'homme. – Les droits de l'homme fournissent à la médiation un cadre juridique particulièrement fort, aussi bien la Déclaration de 1789 que la Déclaration universelle de 1948. L'article 1 de la Déclaration universelle fait de la dignité le fondement des droits de l'homme.

Les droits de l'homme reposent sur des principes particulièrement mis en avant par le Conseil de l'Europe. Dans la conférence inaugurale du DEA d'éthique médicale de l'Université de Paris V, le 17 janvier 1994, Peter Leupretch, secrétaire général adjoint du Conseil de l'Europe, directeur des droits de l'homme énonçait : « L'universalité des droits de l'homme qui résulte de l'égale dignité des in-

1. Dominique Wolton, *La dernière utopie : naissance de l'Europe démocratique,* Flammarion, 1993, p. 22.

dividus ; l'indivisibilité : les droits de l'homme forment un tout, qu'ils soient politiques ou sociaux, c'est quand tous les droits sont réunis que l'homme peut vivre dans la dignité. La solidarité, défense collective et solidaire des droits de l'autre. C'est dans la rencontre de l'altérité que nous rencontrons l'humain. » La médiation se réfère tout particulièrement à la solidarité et à l'altérité[1]. Une communication éthique entre les individus est un élément constitutif de l'exigence démocratique contemporaine, certains auteurs commencent à le percevoir[2].

Faut-il sourire de ces principes en raison du décalage avec la réalité et les mœurs ? Les temps sont, il est vrai, au repli[3]. C'est un débat de philosophie du droit que Michel Villey avait tranché en déclarant que les droits de l'homme sont inopérants. On peut aussi au contraire y voir une raison supplémentaire de souhaiter le développement de la médiation tant sont grands les risques de rupture de la cohésion sociale en situation de crise durable. Dans quel camp se trouve le réalisme ?

Le plan d'action du Comité français de liaison de l'ONU pour la décennie de l'éducation retient la médiation comme élément de l'éducation aux droits de l'homme.

2. **Les références politiques.** – La médiation au quotidien suppose une attitude citoyenne concernant la place de l'individu dans la société, le politique dans son essence.

A) *Les limites de la démocratie classique.* – La médiation peut à sa manière contribuer à en combler les lacunes sans en remettre en cause les acquis. Marcel Gau-

1. Voir aussi Jean-François Six, Droits de l'homme et médiation, *in* Commission nationale consultative des droits de l'homme, *1989, les droits de l'homme en questions,* La Documentation française, 1989, p. 333 et s.

2. Dominique Wolton, Communication, in *La société de l'information : glossaire critique,* ouvrage collectif CNF/UNESCO, La Documentation française, 2005.

3. Jean Stoetzel, *Les valeurs du temps présent : une enquête européenne,* CNRS, 1981.

chet[1] remarquait un des paradoxes de la déclaration qui plaçait la société civile dans la dépendance de l'État, par son incapacité à la dissocier de ce dernier. La médiation a pour l'instant une existence indépendante de l'État grâce à son dynamisme civique. En échappant à l'emprise de l'État, elle constitue un creuset d'évolution.

La médiation ne peut-elle pas contribuer à la démocratie du troisième type qu'A. Touraine appelle de ses vœux ? Elle pourrait permettre la « reconnaissance de l'autre et la communication culturelle »[2] qui doit suivre la phase de conquête des droits civiques et l'instauration de la justice sociale. « Le dialogue suppose l'égalité »[3], on ajoutera que la médiation aussi.

Le besoin de solidarité, si difficile à satisfaire d'en haut, parce que les institutions ne peuvent tout faire, et « parce qu'il n'existe pas d'instance spécifique chargée de les satisfaire »[4] relève d'initiatives civiques.

Médiation et *empowernment* : la médiation a surgi de la société civile dont elle exprime la vitalité et la créativité. Elle constitue un choc en retour des empiétements de l'État-providence sur l'initiative privée. Il y a dans la médiation une dynamique de gouvernance partagée.

B) *La rentabilité de la médiation.* – Bien que la résolution des conflits ne constitue qu'une des branches de la médiation et qu'elle n'obéisse pas uniquement à des considérations managériales, sa rentabilité politique (économique et sociale) n'est pas négligeable. Les conflits ont une valeur positive, ils ont aussi un coût. Leur mauvaise résolution ruine une société au sens économique et humain du terme.

1. Marcel Gauchet, *La Révolution des droits de l'homme,* Gallimard, 1989.
2. André Touraine, *Qu'est-ce que la démocratie,* Fayard, 1994.
3. Edgar Morin, entretien, *Le Courrier de l'UNESCO,* janvier 2004.
4. N. Lechner, *Rev. internationale des sc. soc.,* n° 129, août 1991, Unesco « Repenser la Démocratie ».

Chapitre III

LE RÉGIME JURIDIQUE DE LA MÉDIATION

Les détails du régime juridique de la médiation judiciaire offrent peu d'intérêt pour qui voudrait approfondir sa connaissance de la médiation. Les textes et la jurisprudence transposent des solutions valant pour la transaction, la conciliation. Les règles relatives au recours à cette procédure, à son déroulement, à l'homologation des accords de médiation relèvent de considérations de procédure civile, non du processus de médiation. Pour l'instant, la valeur ajoutée de l'intervention du droit en matière de médiation est au mieux nulle. Le plus souvent, elle fige durablement une erreur commune, ralentissant les possibilités d'un meilleur respect de la médiation. L'erreur terminologique de la loi de 1973 instituant le médiateur de la République, ainsi que celles des lois de 1993 et 1995 instituant la médiation pénale et la médiation judiciaire montrent que le mal nommé équivaut à un fait accompli. On ne saurait dire combien elles obèrent les travaux des instances qui en ont pris conscience mais qui se trouvent ligotées dans leurs tentatives de redressement terminologique. L'embarras des rédacteurs du rapport du Conseil économique et social de 2002 sur la médiation et la conciliation de proximité (rapport Lindeperg) est éloquemment palpable.

Une réflexion préliminaire sur les rapports entre droit et médiation donnera le cadre du régime juridique de la médiation et des indications sur ses bases juridiques. Il faut, à la suite de Carbonnier, penser le droit avec le social et refuser d'enfermer l'étude de la médiation dans un strict positivisme juridique qui ne permettrait pas de la saisir dans sa totalité.

I. – Droit et médiation

Toute réflexion qui aborderait le droit et la médiation comme des blocs indifférenciés resterait sommaire. Il faut donc dans la réflexion sur les rapports entre le droit et la médiation procéder à des distinctions opérationnelles pour le droit et pour la médiation. La distinction entre règles de procédure et règles de fond, pertinente en droit, devra se combiner avec la distinction entre la médiation conventionnelle, la médiation judiciaire, la médiation citoyenne. La Commission de l'Union européenne dans une recommandation du 30 mars 1998 relative à la résolution extrajudiciaire des litiges de consommation préconise le respect de sept principes fondamentaux proches de ce que l'article 6 de la CEDH impose aux procédures juridictionnelles.

1. **Le respect du droit par la médiation.** – Le droit encadre la médiation, comme toute activité humaine. La médiation doit respecter le droit. Entre la médiation et le droit il y a complémentarité et non concurrence. Le droit ne peut prétendre remplir tout l'espace social. Selon certains il y aurait un vide juridique en matière de médiation, c'est tout à fait faux. Le droit des contrats (y compris de la responsabilité contractuelle) et des associations assurent à la médiation un régime juridique cohérent.

Des limites juridiques à la médiation en résultent nécessairement.

La médiation ne peut intervenir que dans des domaines où la justice d'État peut ne pas intervenir sans violer les règles d'ordre public. La médiation ne peut se substituer à l'intervention de la justice. C'est pourquoi en matière pénale il vaut mieux parler de conciliation déléguée que de médiation.

La médiation ne peut déboucher sur une solution illégale, quand bien même cette dernière recevrait l'accord des participants à la médiation. Les nullités de protection gardent toute leur pertinence, notamment celles prévues par le droit du travail. Quand la sagesse populaire proclame qu'un mauvais arrangement vaut mieux qu'un bon procès, elle fait fi de la valeur positive des conflits et du rôle protecteur du droit.

Autre corollaire, les parties à la médiation ne peuvent par un accord de médiation disposer de droits indisponibles. On trouve là un garde-fou particulièrement utile à la médiation familiale qui se déroule dans la sphère de tels droits précisément, l'état des personnes avec ses répercussions sur le droit au nom. Les droits nés d'une infraction criminelle, les questions de filiation, les matières qui relèvent directement du Conseil d'État constituent le noyau des droits absolument indisponibles. Les autres droits font l'objet de discussion sur l'arbitrabilité et la transigeabilité.

Le développement de la médiation va intensifier les discussions sur la fonction du juge qui pourrait devenir une sorte de superviseur des accords obtenus en médiation et sur la portée de l'homologation. L'assouplissement croissant de la notion d'ordre public de protection n'est pas sans danger pour les médiés les plus vulnérables.

2. **L'impact éventuel de la médiation sur le droit.** – On a pu penser que la médiation allait transformer la nature du droit. Cela paraît excessif. Si la médiation peut transformer radicalement les relations interpersonnelles et même au-delà les relations entre les sujets de droit, l'État et les autres institutions, elle ne semble pas en mesure de changer la nature du droit. Il faut prendre quelque distance avec l'expression « droit négocié », opposée au droit imposé. Si le droit et la médiation s'exercent dans les mêmes secteurs de l'activité humaine, ils n'évoluent pas dans les mêmes sphères. Le développement de la médiation est peut-être l'indice d'un changement des mœurs, en particulier d'un changement d'attitude à l'égard de l'État, mais il ne semble pas susceptible de changer la nature du droit et de l'État. Il n'en reste pas moins vrai que le développement de la médiation révèle l'émergence d'un comportement civique nouveau. L'État-providence qui a tant

empiété sur la société civile (souvent à la demande de celle-ci) affronte une onde qui va en sens inverse par l'action de citoyens voulant contribuer d'une manière non violente et respectueuse des règles de droit à la régulation sociale. Il serait prématuré d'en déduire que le droit, instrument officiel de la régulation sociale, majoritairement produit par l'État, va de ce fait changer de nature. Il n'en demeure pas moins que certains acteurs judiciaires ressentent une crise de légitimité. Sans aller jusqu'au possible évanouissement de l'acte de juger[1], une crise de légitimité affecte certains acteurs judiciaires qui idéalisent la médiation au détriment de la justice et du droit. L'effacement du juge est particulièrement net dans un secteur où la médiation est fortement implantée, le divorce, que le législateur a voulu dédramatiser[2].

Il ne faudrait pas que la médiation contribue à la généralisation d'une autorégulation mal maîtrisée et corporatiste. Le droit, les juridictions et les procédures qu'elles doivent respecter sont des conquêtes démocratiques, soumises au respect des droits de l'homme, en particulier aux exigences du procès équitable imposées par l'article 6 CEDH. La médiation risque aussi de verser dans la manœuvre dilatoire, surtout depuis une décision de la Cour de cassation interdisant la saisine immédiate d'un juge en cas de clause de médiation. Les parties doivent participer à une médiation préalable (Cass. ch. mixte, 14 février 2003).

3. **Autres remarques.** – Le processus de création du droit est majoritaire (la majorité parlementaire pour l'élaboration de la loi), celui de la médiation suppose l'unanimité. En effet il requiert l'accord de tous les partenaires tant pour exister que pour aboutir.

Il faut éviter l'opposition simpliste quand on compare le droit et la médiation. Le droit bénéficierait d'une position sociale claire, d'une définition incontestée. La mé-

1. Antoine Garapon, *Esprit,* novembre 1993, p. 197.
2. Irène Théry, *Le démariage,* Odile Jacob, 1993.

diation serait dans une situation plus floue et vulnérable. D'un côté le sérieux, de l'autre l'innovation suspecte. C'est vrai à première vue et superficiellement. En réalité deux numéros de la revue *Droits, revue française de théorie juridique* (n°s 10 et 11, 1989, 1990), « définir le droit », ont démontré la quasi-impossibilité de trouver des critères incontestables pour définir le droit.

Ce n'est donc pas en raison de son infériorité conceptuelle que la médiation est soumise au droit mais pour des raisons statutaires.

II. – Les régimes juridiques de la médiation

La médiation, étant un concept autonome, a besoin d'un régime juridique qui lui soit propre. Le contrat de médiation remplit bien ce rôle. Jusqu'à la loi du 8 février 1995, en revanche, les pratiques prétoriennes de médiation qui, en l'absence de loi consacrant la médiation judiciaire, empruntaient le régime juridique d'autres techniques de règlement des conflits, lui faisaient perdre son autonomie théorique et par là même à moyen terme son autonomie dans le cadre de la « justice douce » dessinée par la nébuleuse médiation-conciliation.

La phase prétorienne de l'histoire de la médiation judiciaire apporte des éclaircissements décisifs sur sa vraie nature. Les juges fondaient leur recours à la médiation judiciaire en matière civile sur des textes permettant une conciliation judiciaire, en particulier l'article 21 NCPC. La médiation ainsi favorisée s'apparentait plutôt à une conciliation déléguée inavouée, en dépit de l'article 240 NCPC. L'arrêt de la cour d'appel de Paris du 17 décembre 1987, qui autorise le juge à confier à un tiers le soin d'organiser une médiation dès lors que celle-ci est effectuée sous le contrôle du juge, donne le ton d'une manière durable, en faisant de la médiation judiciaire une simple modalité de la procédure de conciliation. Dans ses grandes lignes et dès son origine, la médiation judiciaire a emprunté le régime juridique de la conciliation originellement prévue par le texte visé par le juge. Les emprunts aux bases juridiques de la conciliation concernaient principalement les articles 127 à 131 du Nouveau Code de procédure civile (d'avant 1995), l'ordonnance Rateau de 1974, l'article 290 du Code civil et 117 NCPC en matière de divorce.

La loi du 8 février 1995 ne confère pas à la médiation un régime juridique original, révélateur d'une nature spécifique. Le régime juridique de la médiation judiciaire l'apparente à la conciliation. En consacrant l'initiative prétorienne fondée sur l'article 21 NCPC, la loi de 1995 fige la médiation dans une nature de simple mesure d'administration judiciaire aux fins de conciliation dont elle devient une modalité. Les ressemblances ne résultent plus d'emprunts imposés par l'absence de base législative, mais de la volonté d'un législateur qui s'est contenté de légaliser les pratiques judiciaires en amalgamant dans un chapitre commun la conciliation et la médiation judiciaires.

En réalité, il existe (voir première partie) deux types bien distincts de médiation :

- la médiation institutionnelle dont le régime juridique résulte des textes qui la fondent. La médiation judiciaire en fait partie. Rien ne permettant de distinguer substantiellement le régime juridique de la médiation institutionnelle de la conciliation, il conviendrait de restituer un minimum de cohérence entre la nature et le régime en requalifiant la médiation institutionnelle en conciliation ;
- la médiation conventionnelle dont le régime juridique respecte la volonté des partenaires (dans le respect global du droit). Elle a su trouver des solutions spécifiques.

1. **Le régime juridique de la médiation judiciaire.** – La loi du 8 février 1995 sur la médiation judiciaire ne lui a pas vraiment donné un fondement juridique propre. Il en résulte un régime juridique assez proche de celui de la conciliation. Ironiquement les justiciables distinguent une différence de régime essentielle : la gratuité de la conciliation et le caractère payant de la médiation. La loi

reproduit souvent à l'identique les dispositions relatives à la médiation et à la conciliation. L'article 2 du décret du 22 juillet 1996 insère dans le NCPC un titre VI *bis* « La médiation » qui regroupe les articles 131-1 à 131-15.

La médiation est d'application générale, elle concerne toutes les juridictions y compris le juge des référés (art. 131-1, al. 2).

Le juge maîtrise la médiation judiciaire. S'il doit obtenir l'accord des parties, son ordonnance en fixe l'étendue (tout ou partie du litige), la durée qui ne peut excéder trois mois, sauf à être renouvelée pour la même durée à la demande exclusive du médiateur. Il désigne le médiateur, par définition un tiers, personne physique ou association (art. 131-4, al. 1). Il fixe aussi le montant de la provision couvrant approximativement la rémunération finale du médiateur.

En aucun cas la décision qui ordonne la médiation ne dessaisit le juge qui peut à tout moment prendre les mesures nécessaires (art. 131-2) ou mettre fin à la médiation. Il poursuivra alors l'instance (art. 131-10, al. 3). La décision ordonnant ou renouvelant la médiation ou y mettant fin est insusceptible d'appel (art. 131-15). Le juge contrôle la médiation en permanence. Le médiateur doit en effet l'informer des difficultés qu'il rencontre dans l'accomplissement de sa mission.

À l'expiration de sa mission, le médiateur informe le juge de son issue. En cas d'accord, le juge peut l'homologuer à la demande des parties (art. 131-12), ce qui relève de la matière gracieuse (art. 131-13, al. 2).

Pour éviter toute dérive qui aboutirait à une délégation, le décret du 22 juillet 1996 prévoit quelques précautions (art. 131-8, al. 1), mais permet cependant au médiateur d'entendre des tiers avec l'accord exprès des parties. L'article 131-14 prévoit un garde-fou contre l'utilisation ultérieure des éléments de la médiation en cas d'échec de celle-ci.

La médiation judiciaire assouplit certes le déroulement classique des procédures mais, en compensation, elle reçoit un encadrement institutionnel. Un arrêt de la

Chambre mixte de la Cour de cassation du 14 février 2003 contribue au rapprochement du régime juridique de la médiation conventionnelle et des procédures juridictionnelles en faisant du non-respect de la clause de conciliation une fin de non-recevoir.

En revanche, l'utilisation par la médiation simple du régime juridique du contrat en préserve la spécificité.

2. **Les institutions spécifiques de la médiation.** – Il s'agit des institutions qui ne concernent que la médiation. Elles sont toutes exclusivement d'origine associative et conformes à la nature contractuelle de la médiation. Le contrat est bien sûr un moule très général, mais le contrat de médiation la concerne par définition. Les associations de médiateurs constituent un autre élément spécifique des institutions de la médiation. Il est impossible de donner un inventaire exhaustif des associations de médiateurs ou de présenter le système de financement de la médiation. Les associations jalouses de leur indépendance vivent des cotisations de leurs adhérents et de la participation financière des médieurs lorsqu'ils recourent aux services de l'association. Certaines au contraire ne redoutent pas les fonds publics et reçoivent des subventions ou des rémunérations à l'acte.

A) *Fondement de la déontologie de la médiation.* – Actuellement la déontologie de la médiation repose sur une autorégulation, au centre de laquelle figure le contrat d'association. Les associations de médiateurs sur la base de l'exemple donné dès 1988 par le Centre national de la médiation (CNM) adoptent un Code de déontologie applicable à leurs adhérents. Souvent il ne s'applique qu'à un type de médiation, au secteur d'activité de l'association qui l'adopte (médiation familiale, pour les associations de médiation familiale), à la différence du Code de déontologie du CNM, d'application générale conformément à la vocation du CNM.

En s'abstenant de réglementer en détail (mais pour combien de temps ?) la médiation, les pouvoirs publics n'agissent pas d'une manière exceptionnelle : ils respectent les journalistes ou les psychanalystes en les laissant s'organiser. D'autant que l'autorégulation ne signifie pas le laisser-aller. L'association auteur du Code de déontologie peut prévoir toute une gamme de sanctions pouvant aller jusqu'à l'exclusion. On ne peut dissocier le fondement de la déontologie de la question de la légitimité des pouvoirs publics dans le domaine de la médiation. Pour l'essentiel elle repose sur leur qualité de financeur. C'est à ce titre qu'ils sont fondés à l'évaluer. Le problème réside dans leur manque de connaissance du sujet. Ceux qui font de la médiation recherchent paradoxalement légitimité et reconnaissance de dispensateurs moins compétents qu'eux, car dépourvus de formation.

Le Conseil national consultatif de la médiation familiale, conscient de la nature profonde de la médiation, s'est borné à indiquer des principes directeurs pour respecter la légitimité associative. Le texte s'articule autour de deux séries de principes : ceux garantissant le processus et ceux garantissant la qualité de médiateur (avant de s'assurer de la qualité du médiateur, il faut garantir qu'il est vraiment médiateur).

B) *Le contenu de la déontologie*. – Le Code de déontologie du CNM dans sa version d'origine a souvent servi de modèle, avec les principaux éléments de la déontologie des médiateurs : l'indépendance (art. 6), la neutralité (art. 7), la confidentialité (art. 8).

Les pouvoirs publics ont enfin perçu l'importance de la garantie de confidentialité. L'article R. 15-33-34 CPP impose au médiateur pénal l'obligation de secret dans les conditions fixées par l'article 226-13 CP. L'article 24 de la loi du 8 février 1995 sur la médiation judiciaire civile impose une confidentialité que la Chambre criminelle de la Cour de cassation interprète comme un principe général du régime de la médiation applicable à toute médiation judiciaire (Cass. crim., 28 février 2001). La référence au secret professionnel devient presque systématique, ainsi l'article 1142-6 CSP pour les commissions régionales de conciliation et d'indemnisation des accidents médicaux, l'article L. 331-11 C. cons., l'article L. 312-1-3 Code monétaire et financier dans sa rédaction issue de la loi MURCEF du 11 décembre 2001. Une ordonnance de référé du président du TGI de Paris du 19 janvier 1999 étend le principe de confidentialité aux médiations conventionnelles, en raison de la « nature même » des mesures de médiation.

Le projet de Code de conduite européen pour les médiateurs élaboré dans le cadre de l'Union européenne insiste sur la compétence, l'indépendance, l'impartialité, la confidentialité et l'équité. Ce dernier item nous éclaire sur l'incompréhension profonde de la médiation par ces textes issus du *Livre vert* de 2002, dont la proposition de directive 2004/0251 (COD) qui en font une procédure.

Le Conseil national consultatif de la médiation familiale, dans sa séance du 23 avril 2003, a pris le parti de mettre l'accent sur des principes déontologiques au lieu d'élaborer un code détaillé. Il a structuré sa recommandation autour des deux critères de la médiation en mettant en évidence les principes garants du processus de médiation et les principes garants de la qualité de tiers. Il implique aussi bien les médiateurs que leurs employeurs éventuels et les prescripteurs.

Chapitre IV

LES DANGERS DE LA MÉDIATION

À ce stade de développement, l'évaluation des dangers de la médiation (ceux qu'elle court et ceux qu'elle fait courir) fait partie de sa théorie, car c'est très largement un exercice prospectif.

I. – Tableau général

1. **Les dangers et leurs raisons.** – Le danger de syncrétisme est le premier danger qui menace la médiation *stricto sensu,* on l'a vu dans la première partie. La prolifération de pratiques hétérogènes se réclamant de la médiation témoigne plus d'un besoin vital de médiation que de sa vitalité. Les raisons de la négligence conceptuelle et de l'utilisation intempestive qui affectent la médiation sont multiples. Elles vont de la volonté politique d'agir vite, qui altère les méthodes de travail gouvernemental, jointe à un goût de la facilité à laquelle la médiation se prête involontairement. Grâce à sa seule image innovante elle permet des réformes à coût nul. Plus prosaïquement, la médiation devient un marché disputé, qui rend le titre de médiateur enviable.

Lié au précédent, le danger de discrédit de la médiation *stricto sensu* par l'abus des pratiques s'en réclamant guette la médiation si une prise de conscience n'intervient pas. Il semble qu'il y ait plus de paresse intellectuelle que de malhonnêteté dans l'utilisation mal à propos du terme médiation. Le danger d'un financement en dent de scie guette la médiation qui se place dans la mouvance des pouvoirs publics. Il y a lieu de méditer les aléas des programmes publics de médiation aux États-Unis. L'exemple des conciliateurs donne aussi à réfléchir.

À signaler aussi le danger d'indifférence ou d'apathie qui risquerait de réduire les acteurs de la médiation à un nombre infime. Faute de moteur civique, la médiation tomberait dans le giron d'un service public d'assistance. En France, où le syndrome de l'État-providence est très fort, bon nombre de citoyens attendent tout de l'État et se méfient de ce qui n'en provient pas. Les structures mentales nationales pèseront très lourd sur l'avenir de la médiation.

La question de la formation des médiateurs est préoccupante. Il existe une énorme différence entre les entraînements à la médiation qui font des médiateurs en cinq jours et les formations en deux ans qui se développent maintenant, à partir de l'exemple de l'Institut de formation à la médiation qui le proposait dès 1987. Lorsque les pouvoirs publics ont recours à des médiateurs ils ignorent en général la formation suivie par eux. La qualité de juriste en retraite ou d'assistante sociale suffit le plus souvent à obtenir la confiance. Or l'exercice de la médiation requiert des qualités solides qui ne sont pas innées et des médiateurs mal formés sont réellement dangereux.

2. **Les indices d'évolution.** – Une évolution très récente des esprits se perçoit cependant. Certes elle ne fait pas disparaître les principaux dangers qui menacent la médiation, tant restent puissantes les raisons de la négligence théorique qui l'entourent et qui alimentent son utilisation intempestive. Elle permet cependant des discussions de plus en plus constructives. En effet si les querelles de définition n'ont pas disparu, un accord se fait sur l'existence et l'identification de critères sans lesquels on ne peut pas parler de médiation : la médiation requiert un tiers, sans pouvoir, neutre, impartial, indépendant ; elle a une mission spécifique ; elle utilise un processus plutôt qu'une procédure, même allégée.

Sur la base d'un accord aussi limité, il devient possible de rendre sensibles les failles de divers dispositifs de médiation institutionnelle.

A) *La plupart des médiateurs institutionnels ne sont ni tiers, ni indépendants, ni sans pouvoir.* – Par ailleurs ils ont une mission de conciliation et non de médiation. Ainsi le médiateur de la République, qui comme l'administration appartient au pouvoir exécutif, alors qu'il intervient entre l'administration et les administrés n'est pas un tiers. Ainsi le médiateur du cinéma doté de pouvoir d'injonction n'est pas dépourvu de pouvoir. Plus subtilement il y a le pouvoir induit et la dépendance de fait des associations qui fonctionnent dans la sphère des pouvoirs publics, dans des locaux publics et qui convoquent en médiation en utilisant le papier à en-tête de l'institution pour laquelle elles agissent.

B) *La plupart des médiateurs institutionnels ont pour unique mission la conciliation.* – Le terme médiation ne figure à aucun moment dans les textes qui les instituent.

C) *La plupart des médiateurs institutionnels n'utilisent pas le processus de médiation.* – Les textes qui les instituent leur imposent une procédure. Or toute procédure assouplie ou informelle ne constitue pas un processus de médiation.

La conscience de ces failles affleure maintenant dans l'esprit des praticiens de la médiation, qui pourraient donc devenir plus vigilants à l'égard des autorités qui les utilisent.

II. – Un exemple de danger à double sens, les rapports entre la justice et la médiation

Si le terme de justice bénéficie d'une image nette, il en va différemment de la médiation. La prolifération des pratiques s'en réclamant a engendré un flou terminologique à la fois commode et gênant. Commode, à courte vue, pour ceux qui veulent parer la moindre de leur innovation sociale de cette appellation flatteuse. Gênant car le même terme ne peut recouvrir des pratiques hétérogènes au point d'être incompatibles, sans que son contenu ne s'en trouve à moyen terme menacé. L'empirisme des relations que la médiation entretient actuellement avec la justice efface sa spécificité et donc menace son existence. Mais la médiation n'est pas seule en danger.

Les juges ont vu apparaître le phénomène avec des attitudes différentes : indifférence, curiosité, hostilité, pragmatisme ou enthousiasme sans borne. Des relations se sont établies entre la justice et ce qu'on qualifie de médiation. Elles déclenchent de part et d'autre des réactions mitigées. Cela n'a rien d'étonnant dans la mesure où la justice et la médiation présentent des différences de nature et donc de régime considérables alors qu'elles doivent se côtoyer malgré un manque de réflexion préalable sur les précautions que de telles différences nécessitent. Il serait temps après ce happening juridique de dégager les grandes lignes de relations respectant à la fois la justice et la médiation.

1. **À leur différence de nature doivent correspondre des différences de régime.** – Par leurs origines et leurs raisons d'être, justice et médiation sont de natures différentes. Les propagateurs et les utilisateurs de la médiation en attendent des caractéristiques telles que la proximité, l'originalité, la souplesse, la rapidité, la participation, l'absence de solennité qui dans certains cas la rendent préférable à des solutions institutionnelles. La justice, mue par un principe différent, institutionnalisée au plus haut niveau, dotée d'un statut particulier ne peut, ni ne doit par nature se conformer à toutes ces attentes. Il faut garder cela à l'esprit car, comme l'a enseigné Montesquieu, privées de leur principe, les créations sociales déclinent. La justice et la médiation correspondent à des raisons d'être si dissemblables qu'elles doivent préserver les différences de régime que leur différence de nature a engendrées.

Leur différence de nature, fondamentale, tient à leur degré d'institutionnalisation originel. Si la justice fut à l'origine privée, elle figure maintenant parmi les institutions publiques. La Constitution de la Ve République lui consacre son titre 8. La médiation est un phénomène civique surgi spontanément de la société civile. Elle se nourrit du besoin de communication, d'insertion et de participation des individus et des groupes. La justice vient d'en haut, la médiation surgit de la base en dehors de toute orchestration publique et de toute institutionnalisation. La justice est par excellence une mission de souveraineté, non susceptible de privatisation. Dès lors des différences de régime s'ensuivent.

Justice et médiation entretiennent des rapports différents avec le droit. Les juridictions judiciaires tranchent les litiges selon une procédure et des règles juridiques. Les médiateurs ne tranchent rien, ils tentent d'établir ou de rétablir une communication entre les partenaires d'une situation, sans chercher à dire le droit mais simplement en le respectant. Ce qui se manifeste par des statuts radicalement différents, à commencer par les différences de situation juridique entre les magistrats et les médiateurs. Les magistrats sont investis par l'État de la mission solennelle de rendre la justice au nom du peuple. Ils reçoivent pour cela une formation nationale et consacrée par l'État. Aujourd'hui les médiateurs (quand ils ont fait l'effort d'une formation spécifique) ne sont pas nécessairement juristes. Ils se prévalent le plus souvent d'une légitimité associative, parfois individuelle. Les justiciables acquièrent en entrant en contact avec la justice un statut légal et réglementaire, alors que les médieurs et les médiateurs établissent des rapports contractuels.

Les interventions législatives de 1993, instaurant la médiation pénale, et de 1995, instaurant la médiation judiciaire, ont bouleversé ces données naturelles de base.

2. **De telles différences imposeraient un type de rapports précis.** – Or, on a fonctionné jusqu'en 1993-1995 selon un empirisme imprudent et faussement réaliste, et

depuis 1993-1995 en figeant législativement les mauvaises habitudes ainsi acquises. Actuellement, le raisonnement suivant prévaut encore : faisons, peu importe le terme, à quoi sert de réfléchir quand il y a un tel besoin de médiation ? Pourtant, les rapports actuels entre la justice et la médiation ont pris une tournure qui maintenant ne gêne plus uniquement les faiseurs de système, mais qui laissent sceptiques de nombreux magistrats et certaines associations de médiateurs qui souffrent d'atteinte à leur indépendance. En effet, à long terme, ils ruinent la médiation et ne peuvent servir la justice, car la différence de nature entre la médiation et la justice est telle qu'elle impose un type de rapports précis si chacun veut garder son image intacte. Justice et médiation ne peuvent se compléter que si chacune reste elle-même.

L'empirisme des rapports initiaux ne respectait pas cette distance. Il se manifestait dans le contrôle spontanément exercé par les magistrats à l'égard de la médiation. Pour de nombreux magistrats, la médiation devait s'exercer sous le contrôle étroit de la justice. Les lois instaurant la médiation pénale et judiciaire ont-elles gommé ces tentations ? Les parquets qui pratiquent la médiation pénale établissent avec les associations consentantes des protocoles qu'ils rédigent en grande partie et prévoyant à la charge des associations des précautions très contraignantes, pour éviter la dépossession du juge.

Incontestablement, les juges ne peuvent pas faire autrement surtout en matière pénale. Ils ont reçu une mission de souveraineté, ils doivent en maîtriser l'exercice. On comprend que, même s'ils cherchent de meilleures solutions aux petits litiges, ils aient à cœur d'exercer leurs responsabilités statutaires. La logique de l'appareil judiciaire transforme naturellement et inexorablement les médiateurs en conciliateurs. Ses partenaires (INAVEM, CLCJ par exemple), qui font incontestablement œuvre utile, devraient prêter attention à ce danger. L'auxiliariat ne présente pas que des avantages. Quant à la justice, en prenant pour « innover » toujours le même type de partenaires, elle reproduit les mêmes schémas et perd toutes chances de réelle évolution.

Si la pratique de la conciliation pénale n'est en rien critiquable, en revanche il convient de critiquer nettement l'emploi du terme de médiation pour la qualifier. La conciliation est une des formes les plus achevées et les plus nobles de la justice. Elle entre dans la mission du juge, mais comme celui-ci ne peut pas toujours l'exercer il la délègue. La mission du conciliateur ne manque donc pas de noblesse, pourquoi a-t-on voulu le qualifier de médiateur ?

3. **Les dangers d'un manque de respect réciproque.** – À fonctionner empiriquement sans trop regarder au terme employé, dans la pratique comme dans la loi, on voit bien ce que la médiation croit y gagner et ce qu'elle y perd. On peut aussi réfléchir à ce que la justice croit y gagner et à ce qu'elle peut perdre. Le système actuel d'imprécision conceptuelle présente-t-il des avantages ? Quel type de garantie y trouvent le juge et le justiciable ? Actuellement les parquets n'ont guère le choix, ils traitent avec les partenaires qui acceptent leurs conditions. Sont-ils les meilleurs, sont-ils même médiateurs, les juges savent-ils comment ils sont formés, et même s'ils le sont ? Pourtant ils seront rémunérés grâce à la désignation du juge et présentés au justiciable avec la garantie de l'État en quelque sorte. Or il n'y a pas de garantie sans responsabilité financière, civile ou morale. La justice risque d'avoir à payer le prix. Quant aux médiateurs, ils finiront par être perçus comme des auxiliaires de la justice ou des « bras séculiers du Parquet »[1]. Les insatisfactions que pourrait causer la médiation pénale ne manqueront pas de rejaillir sur la justice. La justice peut y perdre en netteté et en crédibilité.

La justice peut perdre sa netteté. Parler de justice juste n'est qu'une apparente lapalissade qui s'oppose à la jus-

1. Expression de l'avocat général à la cour d'appel de Lyon, lors du colloque organisé par l'ARESO le 24 mars 1994.

tice douce, ce que J.-F. Six appelle la « justice Canada dry », rendue floue par un usage reposant sur une mauvaise compréhension de la médiation.

La justice et la médiation *stricto sensu* doivent se démarquer soigneusement l'une de l'autre. Ce dont a besoin la justice, ce n'est pas de médiateurs mais de conciliateurs acceptant un rôle d'auxiliaires de justice. La réflexion sur la médiation conduit à souhaiter un certain éloignement entre la justice et la médiation. Ni concurrence ni subordination, mais complémentarité. La médiation illustre bien le principe de subsidiarité qui préconise de laisser s'exercer une compétence au niveau optimum pour elle. Ce principe qui protège la compétence des échelons inférieurs profite aussi à y regarder de plus près aux échelons supérieurs. La médiation émerge de la société civile, la société civile est le niveau optimum pour son exercice. La justice de demain si elle voulait annexer la médiation en serait bien alourdie et bien floue.

III. – Un autre danger, la médiation d'assistance publique

L'engouement pour la médiation fait craindre sa récupération dans le cadre d'un vaste service public d'assistance floue. On en voit poindre quelques velléités. Les bonnes volontés exprimées par les fonctionnaires participant au colloque organisé par la Fédération générale autonome des fonctionnaires le 16 décembre 1992 (*Les Échos de la fonction publique,* n° 167) partent d'un souci estimable mais portent en elles les germes d'un service public protéiforme, intégrant une fonction floue et diffuse de médiation dans le travail social, assimilation peu opérationnelle, qui présenterait plus de risques ou de faux avantages que d'avantages réels. L'itinéraire de la médiation peut-il échapper à la génétique sociale française proche de la malédiction qui transforme les initiatives de la société civile, en provinces de services publics et qui, par le biais des financements publics ou de la quête de reconnaissance publique que l'on confond avec la légitimité de la compétence, ne fait qu'alimenter la consommation des services ?

1. **Le danger de dénaturation.** – La situation de l'usager d'un service public est-elle compatible avec l'autonomie que requiert le processus de médiation ? Les prérogatives de puissance publique que détiennent les services publics auraient tendance à induire ou à renforcer soit la passivité soit l'agressivité infantile, peu propices à une démarche active.

Si, comme le rappelait Mme Beau, magistrat à l'origine des expériences de conciliation pénale, « l'assistance est la forme la plus subtile de la violation des droits de l'homme » (*Les Nouvelles d'Alsace,* 28 mai 1994), elle est aussi un des pires dangers de la médiation. À être pratiquée en service public dans une intention d'assistance aux individus, la médiation court un danger de dénaturation.

Dans l'hypothèse d'un service public de médiation, le médiateur serait un fonctionnaire. Le statut de la fonction publique convient-il à la médiation ? Il faut relever en outre que le fonctionnaire, faisant partie de l'administration, ne pourra jamais être médiateur entre un particulier et celle-ci. Par définition les fonctionnaires ne sont pas des tiers, mais des parties prenantes dans les relations administrations/administrés. Ils peuvent être animés d'un souci de compromis, de conciliation, d'humanisation, de communication optimum, mais la médiation leur est statutairement impossible.

2. **Les faux avantages.** – À supposer qu'un service public puisse faire de la médiation, celle-ci offrirait-elle aux médieurs des garanties sérieuses de qualité ? Les pouvoirs publics ne disposent ni d'une définition de la médiation ni d'une formation des médiateurs. Pour l'instant ils s'adressent au coup par coup à leurs partenaires habituels. Bon nombre de magistrats prennent uniquement d'anciens magistrats, les autres autorités publiques

s'adressent souvent à des travailleurs sociaux. Leur formation à la médiation est rarement dans les deux cas un préalable considéré comme indispensable.

Le nombre des travailleurs sociaux ne permet d'ailleurs pas d'envisager dans un avenir prochain qu'ils reçoivent tous une sérieuse formation à la médiation. Le malaise de certains secteurs de la profession peut nourrir chez les travailleurs sociaux l'envie de chercher dans la qualification à la mode, médiateur, un réconfort artificiel. Le seul fait d'être intermédiaire entre l'enclume et le marteau ne rend pas médiateur. De plus, les services publics qui utilisent des médiateurs s'exonèrent trop souvent de l'exigence de formation à la médiation, exigence éthique primordiale, ou se contentent de brefs programmes centrés sur leur mission principale de service public, évoquant à peine la médiation.

3. **Les dangers pour les pouvoirs publics.**

A) *L'aventure.* – L'instauration d'un service public de médiation engagerait les pouvoirs publics qui s'y aventureraient dans une situation difficilement maîtrisable et inédite, le « SPONI », service public à objet non identifié. Tant que les pouvoirs publics n'auront pas de définition de la médiation, ils courent un grand risque en s'y essayant. L'élucidation de la fonction de médiation devient prioritaire.

En second lieu, cette aventure les amènerait sur un terrain dangereux pour leur nature démocratique : la médiation touche souvent à la sphère de l'intime, elle a vocation à remplir les interstices sociaux.

B) *Encombrement.* – Les pouvoirs publics seraient certainement encombrés de cette tâche nouvelle, eux qui ne peuvent pas toujours remplir leurs missions principales faute de moyens. Cette remise en place de chacun ne contient aucun désaveu à l'égard des fonctionnaires dont les initiatives individuelles tendent à aider les administrés. Face au désarroi des administrés, l'envie d'établir des passerelles se comprend. En revanche, toute prétention de l'administration à orchestrer la médiation sous forme de service public semble dangereuse pour sa propre cohérence. Il convient avant tout que l'administration mette ses fonctionnaires dans la situation de faire humainement, ou tout simplement correctement, leur travail. Qu'il reste clair que la médiation est une affaire civique mais en aucun cas de service public (autrement dit que l'administration se consacre à ses missions).

La médiation n'est pas une affaire d'État, c'est une entreprise civique, pas un service public. À un moment où le discours politique redécouvre les bienfaits du principe de subsidiarité, il faudrait l'appliquer à la médiation. Ce principe d'organisation sociale affirme qu'il faut faire les choses à leur échelon optimum, qui n'est pas forcément l'échelon supérieur. C'est en général l'échelon d'où elles jaillissent, l'échelon le plus proche des intéressés. La médiation est plus l'affaire des associations que des pouvoirs publics. Ainsi une réponse de service public n'est pas forcément rationnelle. Toute satisfaction d'un besoin général n'est pas synonyme de service public.

IV. – **Les dangers d'une solution institutionnelle inadaptée**

Il faut réfléchir à la meilleure solution institutionnelle possible, celle qui garantira le sérieux des médiateurs sans permettre aux pouvoirs publics de récupérer un mouvement civique largement né en dehors d'eux et qu'ils tariraient inéluctablement.

La question ne se pose pas pour la médiation institutionnalisée par les pouvoirs publics. Dès leur origine, ces formes de médiation ont reçu un statut rarement compatible avec leur mission de médiation.

La question vaut pour la médiation d'origine civique qui, sans être clandestine, bénéficie encore d'une situation institutionnelle très ouverte, en particulier au sujet de la nature de l'activité de médiateur qui se pratique aujourd'hui à des titres si différents, bénévolement ou en complément d'une profession (libérale ou non), ou encore au titre de salarié d'une entreprise. On peut alors envisager une série de montages juridiques afin de découvrir le plus respectueux de l'avenir de la médiation. Leur présentation se fera crescendo, du moins contraignant au plus contraignant à l'égard des médiateurs.

1. **L'institutionnalisation de la médiation dans un cadre associatif simple.** – Cette solution utilise un point fort du système juridique français, ménageant une liberté associative très étendue. Les associations simplement déclarées bénéficient d'un régime juridique avantageux pour la médiation. Ainsi, les fondateurs peuvent inclure dans les statuts de l'association des dispositions relatives à leur conception de la médiation, par exemple un code de déontologie que leur pouvoir disciplinaire permet de faire respecter par les médiateurs adhérents. La légitimité associative offre une solution équilibrée, efficace et indépendante des pouvoirs publics. En dernier ressort, la médiation s'exercerait sous le contrôle du juge judiciaire, solution offrant toute garantie aux médieurs mais ne tarissant pas l'activité des associations de médiateurs puisque s'exerçant *a posteriori*.

La solution d'un organisme professionnel d'origine associative, comme le BVP (Bureau de vérification de la publicité), fournit un bon exemple.

2. **L'institutionnalisation dans le cadre d'une association à légitimité renforcée par les pouvoirs publics** peut paraître avantageuse car elle permet aux associations « bénéficiaires » de recevoir des subventions, d'émettre des règlements ayant valeur contraignante sur les adhérents-assujettis, de disposer de prérogatives de puissance publique tout en restant des personnes privées, comme les associations sportives par exemple. Il faut quand même indiquer que le prix à payer par la médiation pour « bénéficier » d'un tel régime porterait une atteinte non négligeable à l'esprit de liberté qui féconde actuellement

le mouvement. Ainsi, les fédérations sportives doivent faire homologuer leurs décisions les plus importantes. Dans cette hypothèse, le Code de déontologie perdrait largement de sa légitimité associative. De plus, tout en restant des personnes privées, les associations sportives se voient soumises au contrôle des juridictions administratives qui peuvent ainsi annuler leurs décisions. La décision du Conseil constitutionnel du 9 décembre 2004 (loi portant diverses dispositions relatives au sport professionnel), en particulier son 8e considérant, donne la mesure de leur insertion dans un appareil institutionnel complexe. Il y a là pour la médiation un exemple à méditer, celui d'un milieu associatif très varié et très vivant comme celui des médiateurs, comportant comme lui des bénévoles et des professionnels, qui tout en gardant l'étiquette associative s'est retrouvé intégré dans un service public. Les pouvoirs publics ont facturé au milieu régulé un prix très fort (l'intégration) pour des prérogatives finalement peu avantageuses.

3. **L'ordre professionnel.** – Des professions comme celle des journalistes refusent l'institutionnalisation sous forme d'un ordre des journalistes. Elles n'admettent ni autorité professionnelle, ni déontologie codifiée par écrit. Une Commission de la carte d'identité professionnelle, composée paritairement de directeurs de journaux et de représentants des journalistes, constate annuellement la qualité de journaliste. Une commission supérieure composée de trois magistrats et de deux représentants de la profession se prononce en appel en cas de contestation au sujet de l'attribution de la carte. Cependant la juridiction administrative peut intervenir au stade ultime en annulant les décisions de la commission supérieure qui seraient illégales. Dans le cadre d'un recours pour excès de pouvoir, le Conseil d'État s'est reconnu compétent dans un arrêt du 22 avril 1977, Syndicat des journalistes CFDT. Les journalistes préservent jalousement une liberté étendue, en évitant l'intégration dans un ordre professionnel, mais en ne réussissant pas à élaborer eux-mêmes

une déontologie d'origine associative, ils courent le risque de se la voir imposer par voie étatique à l'occasion d'un scandale. Les associations de médiateurs doivent éviter cet écueil.

4. **La régulation de la médiation par une autorité administrative indépendante.** – En dehors des dangers que le recours anarchique à cette solution providentielle constitue pour la cohésion de notre système juridique en général, la régulation de la médiation par une AAI ne semble pas souhaitable. Elle pèse en général très lourd sur le milieu régulé pour une efficacité qui reste à démontrer. Le médiateur de la République n'a d'ailleurs pas apprécié l'arrêt Retail (Conseil d'État, 10 juin 1981) le qualifiant, pourtant à juste titre, d'AAI.

Le Conseil national consultatif de la médiation familiale constitue un modèle. Par la brièveté de son mandat, il a évité le risque de se transformer en une AAI.

5. **L'institutionnalisation de la médiation par l'intégration classique dans l'appareil public.** – Plusieurs solutions se dessinent, celle de l'intégration de la médiation dans l'appareil d'État, celle de son intégration dans l'organigramme des diverses collectivités locales ou dans celui d'établissements publics. La médiation prendrait la forme d'un service public contrôlé par des personnes morales de droit public. Les médiateurs seraient des agents de l'État ou des collectivités locales, voire des fonctionnaires avec des risques d'incompatibilités entre le statut de la fonction publique et la déontologie de la médiation. Plusieurs sous-modèles sont alors envisageables (leurs inconvénients ont été présentés *supra*).

On peut imaginer l'intégration de la médiation au sein du pouvoir exécutif sous forme d'un secrétariat d'État, voire d'un ministère de la Médiation. Il pourrait s'agir soit d'un ministère à structure pyramidale classique soit d'un ministère horizontal, c'est-à-dire à structure étalée, puisque par son objet il aurait vocation à entretenir des relations avec la plupart des autres ministères. Ce ministère acquiérerait la haute main sur l'accès à l'activité de médiateur, sur son régime juridique. Une fonctionnarisation de la médiation se profilerait.

On peut aussi imaginer l'hypothèse de l'intégration de la médiation dans l'appareil judiciaire. La chancellerie ou les tribunaux désigneraient les médiateurs et contrôleraient de nombreux aspects de leurs activités.

Des cinq montages institutionnels présentés, seule la formule associative simple respecte la nature de la médiation. Le principe de subsidiarité déjà évoqué guide une fois de plus la solution adaptée à la nature de la médiation. Elle seule respecte le critère de non-pouvoir, une des principales caractéristiques de la médiation. À elle de se structurer pour réguler la médiation.

Faut-il pour autant traiter par le mépris les innovations provenant des élus locaux, des magistrats, des fonctionnaires ? bien sûr, car la médiation n'épuise pas à elle seule le besoin d'innovation sociale, de communication, éprouvé autant par les fonctionnaires que par les particuliers. Si de nombreux fonctionnaires aiment s'appeler médiateurs, c'est parce qu'ils éprouvent le besoin de mieux remplir leur mission. Les pouvoirs publics, plutôt que de se lancer dans une activité vibrionnaire de médiation qui ne lui appartient pas, pourraient répondre au besoin de communication, d'échange, d'ouverture, de rapprochement, de rencontre (on se passe très bien du mot médiation) si évident et si général, en réfléchissant à de nouveaux modes de prestation de service. Les préconisations issues de la mission confiée le 25 mars 1991 par M. Delebarre, ministre d'État, ministre de la Ville, à P. Picard offrent une réponse remarquablement conforme à ces souhaits. Elles ont permis l'adoption par le gouvernement d'un dispositif original, le projet de service public de quartier qui permet la coopération entre les services qui gèrent chacun de leur côté les divers éléments de cas individuels et qui permet de se rapprocher des usagers. Les services ainsi réorganisés peuvent jouer leur rôle de facilitateur (on se passe très bien du mot médiateur).

La médiation est-elle inoffensive ? Il faudrait distinguer la médiation de ses contrefaçons.

On l'aura remarqué, les dangers présentés plus haut ne proviennent pas de la médiation mais de sa mauvaise utilisation ou d'une mauvaise terminologie. Est-ce à dire que laissée dans son milieu naturel elle serait inoffensive ? Elle sera ce qu'en feront les associations de médiateurs. Leur capacité à se fédérer pour mettre au point une formation de qualité, un Code de déontologie d'application générale, une autorité fédérale capable de le faire respecter, sera décisive. L'attribution de la qualité de médiateur doit se faire soigneusement pour éviter la prolifération de gourous incontrôlables.

Le problème du financement de la médiation devrait se résoudre secteur par secteur mais sous le contrôle de l'autorité fédérale de nature associative pour éviter les dérapages. Si les entreprises, les organisations publiques ou privées se convainquent de la rentabilité de la médiation, elles trouveront un financement respectant son indépendance. Les particuliers auront le choix entre des bénévoles ou des prestataires de services rémunérés. Ils rémunéreront soit l'association de médiateurs, soit le médiateur libéral selon le cas. Les associations peuvent moduler le prix en fonction des possibilités des médieurs et opérer ensuite une péréquation entre les médiateurs. En matière de financement les dangers existent dans tous les domaines.

CONCLUSION

La grande braderie de la médiation aura-t-elle lieu ? Plusieurs raisons le font craindre.

La pauvreté de réflexion conceptuelle qui affecte le processus de création du droit. Le Sénat le déplorait à l'occasion du vote de la loi du 8 février 1995, lui qui demandait vainement au gouvernement promoteur du projet de l'éclairer sur les raisons qui conduisait le texte à distinguer médiation et conciliation sans fournir les critères justifiant la distinction. L'Assemblée nationale, tout à son engouement pour une réforme qui ne coûtait que le détournement d'un mot, ne sut pas s'associer au Sénat. On ne peut compter sur les « experts » qui interviennent en amont du processus parlementaire, le Conseil d'État et les services de la Chancellerie. L'étude très parcellaire du Conseil d'État (précitée), sorte d'inventaire de l'existant, ne contient aucune réflexion sérieuse sur la médiation. La chancellerie gagnerait à réfléchir aussi avec des théoriciens et non uniquement avec ses auxiliaires ou ses chercheurs autoréférenciels.

Le confort que permet l'utilisation d'une appellation attrayante (pour combien de temps ?) et non protégée est le principal moteur de l'altération prévisible de la médiation si un coup d'arrêt salutaire n'intervient pas.

Les deux syndromes qui menacent la médiation, le syndrome de M. Jourdain et le syndrome du médiateur naturel, sont d'autant plus redoutables qu'ils alimentent un cercle vicieux. En effet, si on est médiateur sans le savoir, comme M. Jourdain, ou naturellement, on peut se dispenser de formation, dont la qualité constitue pourtant la meilleure garantie. Elle doit être propre à la médiation, comporter un important tronc commun généraliste pour éviter l'atomisation des médiations, et transdisciplinaire dans ses programmes et ses publics.

La médiation civique est probablement la grande aventure sociale de notre siècle, la garantie de ce qui fait notre humanité : le caractère éthique de la communication. Elle reste encore à faire. La réflexion ne peut que contribuer à bien la faire. Quand la médiation aura été détruite, aura-t-elle une autre chance ?

BIBLIOGRAPHIE

Ne figurent ici que des ouvrages généraux et non des monographies sur un secteur particulier.

OUVRAGE DE RÉFÉRENCE

J.-F. Six, *Le temps des médiateurs,* Éd. du Seuil, 1990.

AUTRES OUVRAGES

J.-B. Bonafé-Schmitt, *La médiation, une justice douce,* Alternatives sociales, 1992.

F. Ben Mrad, *Sociologie des pratiques de médiation,* L'Harmattan, 2002.

J.-F. Six, *Dynamique de la médiation,* Desclée de Brouwer, 1995.

OUVRAGES COLLECTIFS

Annales de Vaucresson, n° 29, février 1988, La médiation.

Séminaire médiation (novembre 1989 - juin 1991), sous la direction de J.-P. Bonafé-Schmitt et E. Leroy, décembre 1991 (ministère de la Justice).

La médiation, *Bulletin du CLCJ,*n° 8, décembre 1986.

Médiation en Europe, sous la direction de J. Dahan, Lausanne, IUKB, 2002.

Conseil d'État, *Régler autrement les conflits,* La Documentation française, 1993.

Art et technique de la médiation, *Jurisclasseur*, Litec, 2004.

TABLE DES MATIÈRES

Imprimé en France
par Vendôme Impressions
Groupe Landais
73, avenue Ronsard, 41100 Vendôme
Octobre 2005 — N° 52 545